汉画总录

33

邹城

GUANGXI NORMAL UNIVERSITY PRESS
广西师范大学出版社
·桂林·

本研究由 2012 年度国家社科基金重大项目"中国汉代图像数据库与《汉画总录》编撰研究"资助

本专项研究得到吴作人国际美术基金会的赞助

HANHUA ZONGLU

项目统筹　汤文辉　李　琳
责任编辑　孟建升
助理编辑　王辰旭
装帧设计　李若静　陆润彪　刘　凛
责任技编　郭　鹏

图书在版编目（CIP）数据

汉画总录. 33，邹城 / 郑建芳，朱青生，谢健主编. 一桂林：广西师范大学出版社，2017.12
　ISBN 978-7-5598-0502-7

Ⅰ. ①汉… Ⅱ. ①郑…②朱…③谢… Ⅲ. ①画像砖—史料—研究—中国—汉代②画像砖—史料—研究—邹城—汉代 Ⅳ. ①K879.444

中国版本图书馆 CIP 数据核字（2017）第 271606 号

广西师范大学出版社出版发行

（广西桂林市五里店路 9 号　邮政编码：541004）

网址：http://www.bbtpress.com

出版人：张艺兵

全国新华书店经销

广西广大印务有限责任公司印刷

（桂林市临桂区秧塘工业园西城大道北侧广西师范大学出版社集团有限公司创意产业园内　邮政编码：541100）

开本：787 mm ×1 092 mm　1/16

印张：13.75　　字数：150 千字

2017 年 12 月第 1 版　　2017 年 12 月第 1 次印刷

定价：480.00 元

如发现印装质量问题，影响阅读，请与印刷厂联系调换。

序

文字记载，图画象形。人性之深奥、文化之丰富俱在文献形相之中；史实之印证、问题之追索无非依靠文字图形。[1] 汉画乃有汉一代形相与图画资料之总称。

汉代之前，有各种物质文化遗迹与形相资料传世。但是同时代文献相对缺乏，虽可精观细察，恢复格局，重组现象，拾取位置、结构和图像信息，然而毕竟在紧要处，但凭推测，难于确证。汉代之后，也有各种物质文化遗迹与形相资料传世，但是汉代之前问题不先行获得解释，后代的讨论前提和基础就愈加含糊。尤其渊源不清，则学难究竟。汉代的文献传世较前代为多，近年汉代出土文献日增，虽不足以巨细问题尽然解决，但是与汉代之前相比，判若文献"可征"与"不可征"之别。所以，汉画作为中国形相资料的特殊阶段，据此观察可印之陈述，格局能佐之学理，现象会证之说明；位置靠史实印证，结构倚疏解诠释。因图像信息与文字信息的双重存在，将使汉画成为建立中国图像志，用形相学的方法透入历史、文化和人性的一个独特门类。此汉画作为中国文化研究关键理由之一。

两汉之世事人情、典章制度可以用文字表达者俱可在经史子集、竹帛简牍中钩沉索隐，而信仰气度、日常生活不能和不被文字记述者，当在形相资料中考察。形者，形体图像；相者，结构现象。事隔两千年形成的古今感受之间的千仞高墙，得汉画其门似可以过入。而中国文明的基业，多始于汉代对前代的总结、集成而制定规范；即使所谓表率万世之儒术，亦为汉儒所解释而使之然。诸子学说亦由汉时学人抄传选择，隐显之功过多在汉人。而道德文章、制度文化之有形迹可以直接回溯者，更是在汉代确立圭旨，千秋传承，大同小异，直至中国现代化来临。往日的学术以文字文献为主，自从进入图像传播时代，摄影、电视造就了人类看待事物的新方法，养成了直接面对图像的解读能力。于是反观历史，对于形相资料的重视与日俱增。因此，由于汉代奠定汉族为

---

[1] 对于古史，有所谓四重证据法：传世文献＋出土文献＋出土文物＋依地形、位置和建筑建构遗存复原的文化环境设想。但任何史实，多少都有余绪流传至今，则可通过现今活态遗存，以今证古，这是西方人类学、文化地理学中使用的方法。例如，可从近日的墓葬石工技艺中考溯汉代制作；再如，今日非物质文化遗产中的祭祀庆典仪式，其中可能有此地同族举行同类型活动的延承，正所谓"礼失而求诸野"。所以，对于某些历史对象，可以采用六重证据法：传世文献＋出土文献＋出土文物＋复原的文化环境设想＋现今活态遗存＋试验考古（即用当时的工具、材料、技术、观念重新试验完成一遍古代特定的任务）。对问题的追索无非依靠文字和形相两种性质的材料，故略称"文字图形"。

主体的文明而重视汉代，由于读图观相的时代到来而重视图画，此汉画之为中国文化研究关键理由之二。

"汉画"沿用习称。《汉画总录》关注的汉画包括画像石、画像砖、帛画、壁画、器物纹样和重要器物、雕刻、建筑（宗教世俗场所和陵墓）。所以，与《汉画总录》互为表里的国家图像数据库 [2] 则称之为"汉代形像资料"，是为学术名称。

汉画研究根基在资料整理。图像资料的整理要达到"齐全"方能成为汉画学的基础。所谓齐全，并非奢望汉代遗迹能够完整留存至今，而是将现存遗址残迹，首先确定编号，梳理集中，配上索引，让任何一位学者或观众，有心则可由之而通览汉代的形相资料总体，了解究竟有多少汉代图形存世。能齐观整体概况，则为齐也。如果进一步追索文化、历史和人性的问题，则可利用这个系统，有条理、有次序地进入浩瀚的形相数据，横征纵析，采用计算机详细精密的记录手段和索引技术，获取现有的全部图像材料。与我们陆续提供给学界的"汉代古文献全文数据库"和"中文、西文、日文研究文献数据库"互为参究，就能协助任何课题，在一个整体学科层面上开展，减少重复，杜绝抄袭，推动研究，解决问题。能把握学科动态则为全也。《汉画总录》是与国家图像数据库相辅相成的一个长期文化工程，是依赖全体汉画学者努力方能成就的共同事业。一事功成，全体受益。如果《汉画总录》及其索引系统建成完整、细致、方便的资料系统，则汉画学的推进可望有飞跃发展，对其他学科亦不无帮助。

汉画编目和《汉画总录》的编辑是繁琐而细致的工作。其平常在枯燥艰苦的境况中日以继夜。此事几无利益，少有名声，唯一可以告慰的是我们正用耐心的劳动，抹去时间的风尘，使中国文明之光的一段承载——汉画，进入现代学术的学理系统中，信息充溢，条理清楚，惠及学界。况且汉画虽是古代文化资料，毕竟养成和包蕴汉唐雄风；而将雄风之遗在当今呈现，是对中国文明的贡献，也是为人类不同文明之间更为深刻的互相理解和世界在现代化中的发展提示参照。

人生有一事如此可为，夫复何求？

编　者

2006 年 7 月 25 日

---

[2] 2005年国家文化部将《中国汉代图像信息综合调查与数据库》项目纳入"国家数据库专项"系统。

编辑体例

《汉画总录》包括编号、图片、图片说明、图像数据、文献目录、索引六部分内容。

1. 编号

为了研究和整理的需要,将现有传世汉画材料统一编号。编号工作归属一个国家项目协调(《中国汉代图像信息综合调查与数据库》为国家艺术科学"十五"规划项目)。方法是以省、区编号(如陕西 SSX,山西 SX)加市、县,或地区编号(如米脂 MZ)再加序列号(三位),同一汉画组合中的部件在序列号之后加横杠,再加序列号(两位)。比如米脂党家沟左门柱,标示为 SSX-MZ-005-01(说明:陕西—米脂—党家沟画像石墓—左门柱)。编号最终只有技术性排序,即首先根据"地点"的拼音缩写的字母排列顺序,在同一地点的根据工作序列号的顺序排序。

地点是以出土地为第一选择,不在原地但仍然有确切信息断定其出土地的,归到出土地编号,并在图片说明中标示其收藏地和版权所有者。如果只能断定其出土地大区(省、区),则在小区(市、县、地区)部分用"××"表示。比如美国密歇根大学博物馆藏的出自山东某地,标示为 SD-××-001。如果完全不能断定其出土地点,则以收藏地点缩写编号。

编号完成之后,索引、通检和引证将大为方便。论及某一个形象或画面,只要标注某编号,不仅简明统一,而且可以在《汉画总录》和与此相表里的国家图像数据库(国家文化部将《中国汉代图像信息综合调查与数据库》项目纳入"国家数据库专项"系统)中根据检索方法立即找到其照片、拓片、线图、相关图像和墓葬的全部信息,以及关于这个对象尽可能全面的全部研究成果,甚至将来还可以检索到古文献和出土文献的相关信息,以及同一类型图像或近似图像的公布、保存和研究情况。

2. 图片

记录汉代画像石、画像砖的图片采取拓片、照片和线图相比照的方式处理。[1] 传统著录汉画的方式是拓片,拓片的特点是原尺寸拓印。同时,拓片制作时存在对图像的取舍和捶拓手工轻重粗精之别,而成为独立于原石的艺术品。拓片不能完整记录墓葬中画像砖石的相互衔接和位置关系,

---

[1] 由于在《汉画总录》的编辑方针中,将线描用于对图像的解释和补充,线描制作者的观点和认识会有助于读者理解,但也形成了一定的误导和局限,因此在无必要时,将逐步减少线描的数量,而把这个工作留待读者在研究时自行完成。

以及墓葬内的建筑信息，无法记录画像石上的墨线和色彩，对于非平面的、凸凹起伏的浮雕类画像砖石，也不能有效地记录其立体造型。不同拓片制作者以及每次制得的拓片都会有差异。使用拓片一个有意无意的后果是拓片代替原石成为研究的起点，影响了对画像石的感受和认知。拓片便利了研究的同时也限制了研究。只是有些画像砖石原件已失，仅存拓片，或者原石残损严重，记录画像砖石的拓片则为一种必要的方法。

照片对画像砖石的记录可以反映原件的质地和刻划方法、浮雕的凸凹起伏，能够记录砖石上的墨线和色彩，是高质量的图像记录中不可缺失的环节。线图可以着重、清晰地描绘物像的造型和轮廓，同时作为一种阐释的方法，可以展示、考察、记录研究者对图像的辨识和推证。采取线图、照片、拓片相结合的途径记录画像砖石，可相互取长补短，较为完备。

帛画、壁画和器物纹样一般采用照片和线图。

其他立体图像采用照片、三维计算机图形、平面图和各种推测性的复原图及局部线图。组合图与其他图表的使用，在多部组合关系明确的情况下，一般会给出组合图加以标明，用线描图呈现；在多部组合而关系不明确的情况下则或缺存疑。其他测绘图、剖面图、平面图以及相关列表等均根据需要，随着录列出，视为一种图解性质的"说明"。[2]

3. 图片说明

图片说明分为两个部分。其一是关于图片的基本信息，归入"4. 图像数据"中说明；其二是对于图像内容的描述。描述古代图像时，基于古今处在不同的观念体系中的这一个基本前提，采取不同方式判定图像。

3.1 尝试还原到当时的概念中给予解释 [3]，在此方向下通常有两种途径。

3.1.1 检索古代文献中与图像对应的记载或描述，作出判定。但现存的问题，一是并非所有图像都能在文献中找到相应的记载或解释，即缺乏完备性；二是这种对应关系是人为赋予的，文献

---

[2] 根据编辑需要，在材料和技术允许的情况下，会给出部分组合关系图。由于编辑过程受到各种条件的限制，尽其努力也无法解决全卷缺少部分原石图、拓片、线图的情况，或者极个别原石尺寸不齐的情况，目前保持阙如，待今后在补遗卷中争取弥补。

[3] 任何方式中我们都不可能完全脱离今人的认识结构这一立足点，不可能清除解释过程中"我"的存在，难以避免以今人的观念结构去驾驭古代的概念。完全回到当时当地观念中去只是设想。解释策略决定了解释结果。在第一种方式中，我们的目的不是把自己置换到古人的处境中去体验，而是去认识古人所用概念及其间结构关系。

与图像并不存在必然的联系，且不同研究者可能作出不同的判断 [4]；三是现存文献只是当时多种版本的一种，民间工匠制作画像石所依据的口述或文字版本未必与经过梳理的传世文献（多为正史、官方记录和知识分子的叙述）相符。

3.1.2 依据出土壁画上的题记、画像砖石上的榜题、器物上的铭文等出土文字材料，对相应图像作出判定，这种方式切近实况，能反映当时当地的用语，但是能找到对应题记的图像只占图像总体的一小部分。

3.2 在缺失文献的情况下，重构一种图像描述的方式——尽量类型化并具有明晰的公认性。如大量出现的独角兽，在尚不确定称其为"兕"还是"獬豸"时，便暂描述为独角兽，尽管现存汉代文献中可能无"独角兽"一词。同时，图像描述采取结构性方式，即先不做局部意义指定，而是在形状—形象—图画—幅面—建筑结构—地下地上关系—墓葬与生宅的关系—存世遗迹和佚失部分（黑箱）之间的关系等关系结构中，判定图像的性质或意义。尽管没有文字信息，图像在画面和墓葬中的位置和形相关系提供了考察其意义和功能的线索。

在实际图片说明中，上述两种方式往往并用。对图像的描述是在意识到这些问题的情况下展开的，部分指谓和用语延承了以往的研究，部分使用了新词，但都不代表对图像含义的最终判定，而只是一种描述。

4. 图像数据

图片的基本信息（诸如编号、尺寸、质地、时代、出土地、收藏单位等）实际上是图像数据库的一个简明提示。收入的汉画相关信息通过数据库的方式著录，其中包括画像石编号、拓片号、原石照片编号、原石尺寸 [5]、画面尺寸、画面简述、时代、出土时间、征集时间、出土地 [6]、收藏单位、原收藏号、原石状况（现状）、所属墓葬编号 [7]、组合关系、著录与文献等项。文字、质地、色

---

[4] 关于此前题材判定和分类的方法和问题，参见盛磊：《四川汉代画像题材类型问题研究》，北京大学艺术学系99级硕士毕业论文。

[5] 画面尺寸的单位均为厘米，书中不再标识。

[6] 出土与征集的区分以是否经过科学发掘为界，凡经正式发掘（无论考古报告发表与否）均记为出土，凡非正式发掘（即使有明确出土地点和位置）均记为征集。

[7] 所属墓葬因发掘批次和年代各异，故记为发掘时间加当时墓葬编号，如1981M3表示党家沟1981年发掘的第3号墓葬。

彩、制作者、订件人、所在位置、相关器物、鉴定意见、发现人中有可著录者，均在备注项中列出。画像石墓表包括墓葬所在地、时代、墓葬所处地理环境、封土情况、发现和清理发掘时间、墓向、墓葬形制、随葬器物、棺椁尸骨、画像石装置，发现人、发掘主持人也在备注项中注出。建立数据库的目的和价值在于对数据库中的所有记录进行检索、比较、统计、分析，以期达到研究的完备性和规范性。[8]

5. 文献目录

文献目录列出一个区域（指对汉画集中地区的归纳，如陕北、南阳、徐州、四川等，多根据汉画研究的分区，而非严格的行政区划）有关汉画内容的古文献、研究论著和论文索引，并附内容提要。在每件汉画著录中列专项注出其相关研究文献。

6. 索引

按主题词和关键词建立索引项，待全部工作结束之后，做成总索引。因为《汉画总录》的分卷编辑虽然是按现在保管地区为单位齐头并进，但各种图像材料基本按出土地点各归其所，所以地名部分不出分卷索引，只在总索引中另行编排。

朱青生

北京大学汉画研究所

2006 年 7 月 31 日

---

[8] 对于存在大量样本和繁杂信息的研究对象，数据库的应用是有效的。在考古类型学中，传统的制表耗费时力，且不便记忆和阅读，细碎的分类常有割裂有机整体之弊。《汉画总录》的设想是：（1）无论已有公论还是存疑的图像，一律不沿用旧有的命名及在此基础上的分类，而按一致的规范和方法记录；（2）扩大图像信息的范畴，全面记录相关要素，包括出土状况（发掘/清理/收集）、发现人、出土时间、出土地点及其所属古代区划、画像材质、尺寸、所属墓葬形制、画像位置、随葬器物及其位置、画像保存状况、铭文、已有断代、画像资料出处、相关图片、相关研究、收藏地等。图像则记录单位图像的位置及其间的组合情况；（3）利用数据库，按不同线索和层次对图像信息进行查询、检索，根据统计结果作出判断。

目　录

前言一

邹城市原名邹县，是被称为"亚圣"的儒学大师孟子的故乡，其北面与"至圣先师"孔子的故乡曲阜相邻，故古称邹鲁之地、孔孟之乡，儒家学派的发源地。和著名的曲阜"三孔"相匹配，邹城市现在也保存着孟庙、孟府、孟林等文物古迹，可谓人杰地灵、文化昌盛的地方。

邹城历史悠久，地上地下文化遗存丰富。考古发掘资料证明，数千年前这里就出现了史前文明的曙光。两周时期为邾国封地，邾国故城遗址即在邹城东南的峄山之阳。秦统一天下后，在邾国故地设置邹县，在故城遗址中出土的印有秦统一度量衡诏文的陶量上，还有带"邹"字的戳记。汉承秦制，两汉仍置邹县，隶属山阳郡，其范围相当于今邹城市的中部和南部山区；与此同时设立的高平县和南平阳县（东汉时两县皆改为侯国），又分别位于今邹城市的西南部和邹城市的中北部与西北部。这些地方是汉代经济、文化较发达的地区，冶铁、牛耕、水利、纺织等农业与手工业都有相当发展。这里儒学兴盛、官吏文人辈出，西汉时邹人韦贤、韦玄成父子，以通儒明经而官至丞相之位，当时就流行有"遗子黄金满籝，不如教子一经"的民间谚语。这里又是王侯贵胄、豪门大族聚居的地方，东汉时期山阳高平人仲长统在其所著《昌言》中说："豪人之室，连栋数百，膏田满野，奴婢千群，徒附万计。船车贾贩，周于四方，废居积贮，满于都城。琦赂宝货，巨室不能容，马牛羊豕，山谷不能受。妖童美妾，填乎绮室，倡讴伎乐，列乎深堂。"其对富豪之家的描述和对社会现象的评说，正反映了当时社会经济发展和土地、财富集中的情况。遍布邹城市的汉代遗址、墓葬、石刻等文物遗存，即为传递汉代社会历史文化的载体，尤其是其中的汉画像石，生动形象地描述了汉代社会生活情况。所述这些，都大致反映了邹城汉代画像石发展的社会历史背景。

邹城市位于泰沂山脉南侧，境内山区、平原、丘陵间而有之，山中盛产青灰色的石灰岩石，为开采和制作汉画像石提供了丰富的原料和地理条件。从出土的东阿芗他君祠堂和嘉祥宋山永寿三年祠堂等画像石题记中，又披露出在汉代山阳郡及其所辖的高平县一带，是出画师、名工等制作画像石能工巧匠的地方。由此，又可见邹城地区汉画像石艺术发展的原因。

山东与相近的苏、皖北部，是全国汉画像石遗存最丰富的中心地域，位于山东南部的邹城市，其南面、西面与滕州市、微山县、济宁市等连成一片，正是鲁南汉画像石最集中分布的地域。邹城地区的汉画像石，从清代以来的金石学就有了著录，而过去多是零星的发现和记录。新中国成立后，当地文物保护管理机构逐步开展了对汉画像石的调查、保护和征集工作，随着社会主义经济建设和文物考古事业的发展，特别是在二十世纪八十年代以后，对汉画像石墓葬等遗存进行了考古发掘，使获取汉画像石的手段趋于科学化，并为当地的汉画像石建立起历史的时空框架，揭示出这一地区汉画像石产生和发展变化的趋势。经过多年的辛勤工作和资料积累，现在邹城孟庙已收集汉画像石二百余件，除墓葬出土的画像石外，还发现有少数祠堂画像石的构件，较全面地反映出邹城汉画像石的面貌，已成为琳琅满目的汉画像石专题陈列馆了。

从现有资料和研究情况看，邹城汉画像石滥觞于西汉前期的石椁墓，经西汉后期和东汉初期的发展，墓葬出现双椁室或前后室洞室墓，到东汉晚期则出现全石结构的多室墓与带回廊的墓，这些汉画像石墓葬形制的变化，也反映了整个汉代墓葬制度、埋葬习俗和社会的变化。在这一点上，又显示出邹城汉画像石产生时间早，延续时间长，存在于两汉时期约三百余年的历史，和全国范围内的汉画像石兴衰历史相一致，说明邹城市是在汉画像石分布的中心区域之内。

由于邹城市所辖地域较广阔，周边又与盛产汉画像石的地方相连接，体现在邹城汉画像石的整体面貌上，首先是属于鲁南地区的汉画像石特征，此外又显示出其复杂多样的面貌特点，雕刻技法多种多样，画像内容丰富，包罗万象，更有别的地方少见的画像内容。邹城汉画像石的雕刻技法，主要流行阴线刻，尤其西汉时期多为粗壮的阴线刻，西汉晚期到东汉初期又增加凹面线刻，东汉中晚期流行浅浮雕。这里少见东部的高浮雕与透雕（此技法整体上都很少），其西部的以嘉祥武氏祠为代表的减地平面线刻作品，这里也很少见到。邹城西南部与微山两城、南边与滕州的汉画像石风格相近，如郭里、两城附近雕刻的光净细致、优美传神的浅浮雕作品。而邹城汉画像石浅浮雕作品中，有在浮雕出的物象上留有原来修整石面的粗凿纹，如黄路屯出土的斗牛画像石，更显示出那种拙朴、粗犷、雄健的风格，与两城画像石迥然相别。邹城汉画像石虽不乏场面宏大、内容饱满的鸿篇巨制，但又少见滕州西户口、龙阳店画像石那种多层分格、饱满均衡、不留余白、密不透风的画像构图。这也约略显示出其间的不同。邹城市又东接沂蒙山区，北邻曲阜，设想对邹城汉画像石的进一步研究，可能会对汉画像石分布的区域、类型以及所反映的地方或时空差别获得更深入的认识。

汉画像石的产生和发展是一种社会文化现象，它是一个特定历史阶段的产物。汉画像石除个别为神庙石阙上的画像外，其余全部属于墓葬及其附属于地面上的祠堂、石阙等画像，画像石既是组成这些建筑的构件，又是按建筑部位配置其表面的刻画纹饰，它基本上是为丧葬礼俗服务的一种功能艺术。汉画像石所反映的是当时社会的主流思想以及人们的鬼神迷信和人生追求，当这个文化背景发生了变化后，这个艺术特征也就会衰落。魏晋以后，出现了不同的社会背景，那种有特定内容和表现形式的汉画像石艺术也就衰亡了。这从邹城独山发现的西晋刘宝墓中也能反映出来，在其墓门和门楣上虽然尚有简单的画像，但已不能和当年的汉画像石艺术同日而语了。

　　由于汉画像石丰富的文化内涵和具有多方面的资料价值，目前，对汉画像石的研究，除原有的考古学和美术史等门类外，诸多学科都已涉足到这一领域中来。又由于汉画像石本身具有"金石永寿"的性质，它已成为我国民族文化遗产中逾千年而不朽的艺术瑰宝，而汉画像石艺术特有的古拙和质朴所产生的美感，更引起了现代社会更多人的共鸣。面对祖国这项珍贵的文化遗产，我们大家有着共同的责任，就是把它保护好、发掘好、研究好、利用好，进一步发扬光大我们民族的优秀文化传统。

蒋英炬

二〇〇七年二月二十八日于泉城

（原文发表于胡新立《邹城汉画像石》，北京：文物出版社，2008年，3-6页）

前言二

邹城汉画的基本情况，蒋英炬先生在《邹城汉画像石》（北京：文物出版社，2008 年）的序言中已经阐明。通过此次《汉画总录·邹城卷》的著录和观察，我们认为还有以下三个问题有待进一步展开，记录于此。

其一，邹城在山东画像石中是否具有独立的特征，是否能自称流派，我们还没有找到足够的证据。也就是说，在现代邹城行政区划内以及在其汉代的历史区划内，墓葬中人未必都是以此地为籍贯，或者因地域的关系而必然卜葬于此。葬地的选择是否必然地与周围地区内发现的墓葬构成排他性关系？目前邹城虽然有零星的榜题铭文出土，但是其中反映的葬仪、葬式、墓葬、工匠、墓主及其家族的资财经济的情况，都还不足以证明一定是当地的人和当地的事项。所以我们更愿意将邹城的画像石看成是目前鲁南地区整体结构中的一个局部。

其二，邹城出土了一些带有画像的早期石椁墓。过去我们的思路是，希望沿着这条线索寻找石椁墓演化为有画像石的多室墓的过程，赵化成教授也一直计划通过考古发掘来解决这个流转变化问题。但是根据近年来各地对石椁墓的综合发掘，特别是邹城左近地区的情况，我们发现带有画像的石椁墓作为一种墓葬的形式，可以一直延续，并不必然地转成画像石（砖石）多室墓。这就引发了一个新的思路，就是我们一直提到的所谓"箱状墓葬"和"室状墓葬"之间的观念差异。"箱状墓葬"与"室状墓葬"作为一对概念出现，与学界理解的"椁墓"和"室墓"的所指略有差异。箱状墓葬并非指竖穴墓和各种椁墓，当然这在考古学上是一个常识，侧重于墓葬形制。而在艺术史上，"箱状墓葬"这个称呼只是强调由汉画研究引起的对生死观念的另一种观察和思考路径。所谓"箱状墓葬"就是把所有的墓葬理解成一个旅行箱，承装墓主和相关的随葬品，打包装箱，尽量塞满，虽略有分类，但总体上是以"运送"为其目的。而"室状墓葬"是已经到达运送的目的地，所有的东西会按照类别分区摆放，便于取用、呼应、凝视和遥望，总体上是以"归宿"为其旨归。运送的过程和终极的归宿理念不同，其中的每一件事物或图像，虽同为一样，但是意味却有所差异。而同样（反复多次）出现在箱状墓葬与室状墓葬中的画面、题材和装饰元素，其在位置、功能与意义方面的联系则有不同的解释途径。而如铺首衔环、穿璧、常青树等图像，在箱状墓葬中似可认为是有规律地呈现于某些特定位置，如同旅行箱的固定格式；而类似图像（及相关变体）在室状墓葬中，其间对应的形相关系不容易找到规律性，可能提示了部分图像与墓葬结构之间有着一定程度的独立性，而且也可能是各自不同的观念带来的差异。所以我们认为，带有画像的石椁墓和有画像的砖石多室墓之间并不一定构成逻辑上的发展关系，而是出于不同观念的不同墓葬选择，甚至是不同的墓葬观念交叉变化的呈现。带有画像的石椁墓在时间上未必都早，而多室墓未必就晚。《汉画总录·邹城卷》给我们提示的这个问题还需要大量的发掘和考证才能阐明，如果没有邹城汉画的遗迹的存在，有些问题则无从推敲和讨论。

其三，二次葬的问题。邹城的汉代石刻被发现的时候已为后代所再次使用，虽非特例，但这种使用的状态，如果仅仅看成是对石材的利用，也许并非那么简单，这一点杨爱国先生已经有所提示。使用之时，为什么选用此块，而不用另外一块？为什么拆了原来的形制？是否使用原来的墓椁和墓坑？关于再葬墓用石的情况，在这次调查中发现了三种：1. 邹城高李村画像石墓，使用不同时期的画像石来建造，其中第七、八、九三石分别位于后室西壁、后室东壁和西后室北壁，后被证明为同一祠堂的构件。2. 邹城面粉厂单室墓，该墓在东壁上层使用了一块画像石，石头一面为孔门弟子，有榜题，另一面为牛耕等场景，两面在雕刻技法上有较大差异。是否存在添刻的现象，尚需确切的证据进一步观测。3. 山东邹城峄山北龙河宋金墓 M1、M2、M3、M4 中皆使用了汉代画像石，除了纯粹利用原石外，可以看到原石有图像的一面（汉安元年文通祠堂有较长文字的一块）也被朝向墓内，这一点在汉代以后再葬用画像石中也是值得探讨的问题。这不是单纯用经济和技术可以解释的，一定有复杂的观念在其中，更何况在邹城的二次墓葬中，再使用时竟在石头的画面上加刻和添刻某些细节，使之符合新的墓葬需要。邹城有些带题铭的墓葬及其增刻痕迹的出现，对于这个问题的理解提供了重大的启示。

邹城石祠画像也有一些新内容被发现，此问题计划在《汉画总录·滕州卷》完成后一并陈述。

总体来说，《汉画总录·邹城卷》的编辑延续了《汉画总录·南阳卷》的方法，我们在描述画面的时候依旧采用确定的术语范围，仅限于已有的研究所确定的专词。这次的著录工作还是一个初步的基础工作。如有新的发现和疑问，我们以后会不断地在《汉画总录补遗》中呈现。

朱青生
北京大学汉画研究所

编号	SD-ZC-092
时代	东汉
出土/征集地	峄山镇东颜村
出土/征集时间	1957 年收集
原石尺寸	94×146×6.5
质地	石灰岩
原石情况	原石呈长方形,基本完整。
组合关系	
画面简述	画面为浅浮雕,分为上下两层,似表示前后结构(一说为楼阁与双阙)。上层中间为一四坡顶建筑,正脊上方刻双凤鸟面中而立,中有一鱼右向,右侧垂脊有一猴攀援而上。檐下双柱,柱身似有凹槽,上接大栌斗承托屋檐。室内右侧一尊者端坐于榻上,二人伏地拜谒。柱外檐下二人拱手侧立。建筑两旁各有一双层阙,阙身为粗大柱状,上接大栌斗状结构承檐,双阙两侧各有一 S 形龙穿插,龙有独角,龙首于阙顶相对,左端及右端龙背后各立一长尾鸟,左阙下有一鸟、右阙下有二鸟补白。下层中间为一四坡顶大门建筑,被三柱分割为两开间,左右二柱上接大栌斗。左右开间共可见四骑,左开间二骑迎面而来,右开间二骑背向趋内。左右二柱外檐下各有一车,左为一马轺车,右为一马輧车,皆面中而行。四周有三层边框,框间填刻菱形(线)斜纹。
著录与文献	山东省博物馆、山东省文物考古研究所编:《山东汉画像石选集》,济南:齐鲁书社,1982 年,图 133;胡新立:《邹城汉画像石》,北京:文物出版社,2008 年,154 页,图 189;陈秀慧:《滕州祠堂画像石空间配置复原及其地域子传统》,载《中国汉画研究》(第四卷),桂林:广西师范大学出版社,2011 年,310 页,图 140。
收藏单位	孟府习儒馆

SD-ZC-092 局部

编号	SD-ZC-093
时代	东汉
出土/征集地	峄山镇野店村
出土/征集时间	1962 年收集
原石尺寸	116.5×81.5×16
质地	石灰岩
原石情况	原石呈长方形，右侧及上端残缺。
组合关系	
画面简述	画面为浅浮雕，原石左残块画面左侧自上而下依次为兽身神怪(头部残缺)、一龙(？)、一长尾怪兽、一猴、一有尾人形怪兽、一羽人骑龙(？)、一有翼虎形怪兽、一(胡？)人持短钩、一人骑象、一羽人(？)立于一长颈怪兽(或为云气)之上。原石右残块右下角可见一四蹄动物，其后一人持戟站立。原石四周应有三层框，内层框间填刻菱形线纹，外层填刻双排菱形纹。
著录与文献	胡新立：《邹城汉画像石》，北京：文物出版社，2008 年，155 页，图190。
收藏单位	孟庙

编号	SD-ZC-094(1)
时代	东汉
出土/征集地	峄山镇野店村
出土/征集时间	1962 年收集
原石尺寸	78×96×24
质地	石灰岩
原石情况	原石呈长方形，左侧有凹阶。
组合关系	
画面简述	画面为浅浮雕，分上下两格。上格似为孔子见老子图：左一人戴冠着袍，面向右，手前伸；左二为一孩童（项橐？），左三一人戴冠着袍，面向左躬身作揖；其身后五人皆戴冠着袍，面向左躬身作揖。下格左为一龙辎车，右为四鱼辎车，间有云气补白。四周有双边框，框间填刻双排菱形纹。
著录与文献	傅惜华：《汉画像全集》（二编），北京：巴黎大学北京汉学研究所，1950 年，图 55；胡新立：《邹城汉画像石》，北京：文物出版社，2008 年，156 页，图 191；陈岩：《汉画"孔子见老子"的资源和制作》，硕士学位论文，中央美术学院，2006 年，图版 26；郑建芳：《论汉画像石中的孔子见老子》，载《中国汉画学会第十届年会论文集》，北京：高等教育出版社，2006 年，105 页，图 6。
收藏单位	邹城博物馆

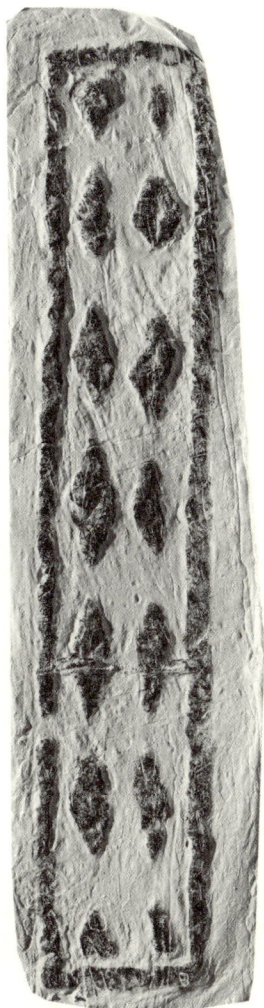

编号	SD-ZC-094(2)
时代	东汉
出土/征集地	峄山镇野店村
出土/征集时间	1963 年收集
原石尺寸	78×24
质地	石灰岩
原石情况	原石呈长方形，基本完整。
组合关系	
画面简述	画面为浅浮雕，刻两列连续菱形纹。四周有框。
著录与文献	
收藏单位	邹城博物馆

编号	SD-ZC-095
时代	东汉
出土/征集地	峄山镇野店村
出土/征集时间	1962 年收集
原石尺寸	69×71×16
质地	石灰岩
原石情况	原石呈长方形，右侧有凹阶。
组合关系	
画面简述	画面为浅浮雕，分为上下两格。上格是庖厨图，上方有屋顶，檐下悬挂各种食物。左侧有一灶，灶右侧一人仰首摘一物，再右一人跪坐，似拨火，头上一人（冠？）；右侧二人相对而立，中有一缸状物，二人低头似淘洗。下格为宴饮图（？），二人正面坐于榻上，身后有四侍者（儿童？），下有一犬左行前趋一物。四周有双层框，框间填刻双排菱形纹。
著录与文献	傅惜华：《汉画像全集》（二编），北京：巴黎大学北京汉学研究所，1950 年，图 56；胡新立：《邹城汉画像石》，北京：文物出版社，2008 年，157 页，图 192。
收藏单位	孟庙

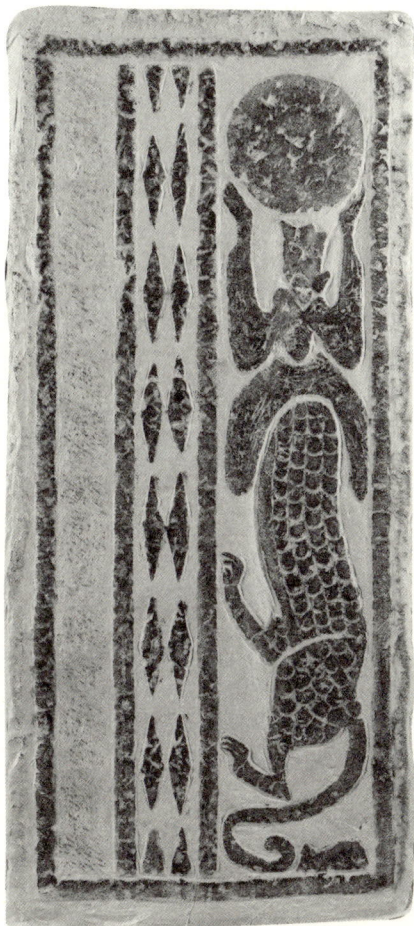

编号	SD-ZC-096(1)
时代	东汉
出土/征集地	峄山镇野店村
出土/征集时间	1962 年收集
原石尺寸	93 × 43 × 16.5
质地	石灰岩
原石情况	原石呈长方形，基本完整。
组合关系	
画面简述	画面为浅浮雕，一说为《羲和捧日图》。画面分为左中右三格。左格填刻斜线纹。中格填刻双排菱形纹。右格刻半人半龙神（一说伏羲，一说羲和），似戴山形王冠，上身着衣，下身为兽形，有双足、长尾及鳞身，双手托一圆形日轮，尾部右下角有一鱼。四周有框。
著录与文献	傅惜华：《汉画像全集》（二编），北京：巴黎大学北京汉学研究所，1950 年，图 58；胡新立：《邹城汉画像石》，北京：文物出版社，2008 年，158 页，图 193。
收藏单位	孟府习儒馆

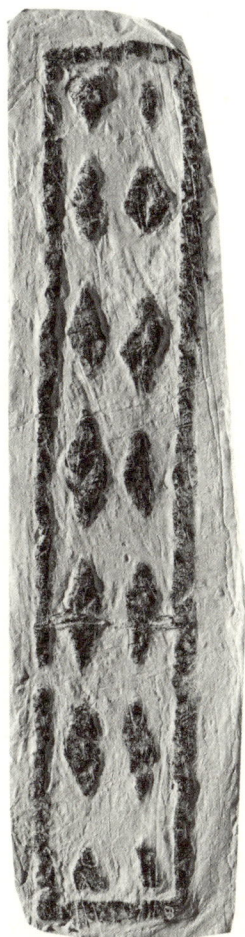

编号	SD-ZC-096(2)
时代	东汉
出土/征集地	峄山镇野店村
出土/征集时间	1962 年收集
原石尺寸	93×16.5×43
质地	石灰岩
原石情况	原石呈长方形，基本完整。
组合关系	
画面简述	画面为浅浮雕，刻双排菱形纹。四周有框。
著录与文献	
收藏单位	孟府习儒馆

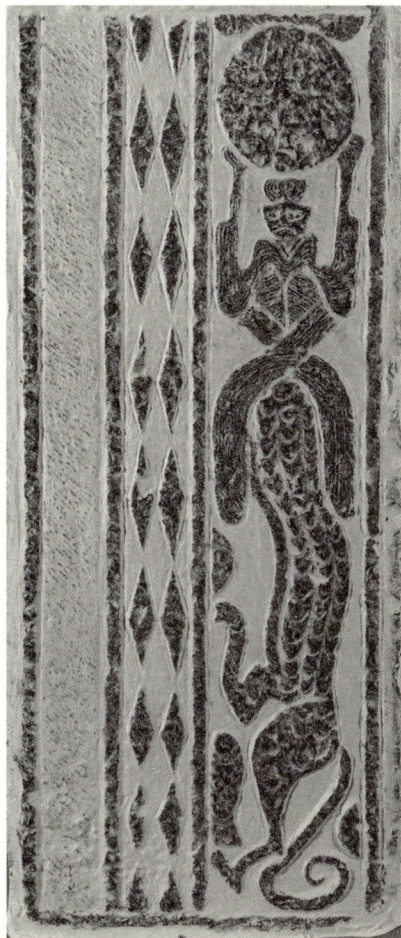

编号	SD-ZC-097(1)
时代	东汉
出土/征集地	峄山镇野店村
出土/征集时间	1962 年收集
原石尺寸	93 × 42.5 × 17
质地	石灰岩
原石情况	原石呈长方形，基本完整。
组合关系	
画面简述	画面为浅浮雕，一说为《常羲捧月图》。画面分为左中右三格。左格填刻斜线纹。中格填刻双排菱形纹。右格刻半人半龙神，上身着衣，下身为兽形，有双足、长尾及鳞身，双手托一圆形，后腿及尾部各有一鱼。四周有框。
著录与文献	傅惜华：《汉画像全集》（二编），北京：巴黎大学北京汉学研究所，1950 年，图 59；胡新立：《邹城汉画像石》，北京：文物出版社，2008 年，159 页，图 194。
收藏单位	孟府习儒馆

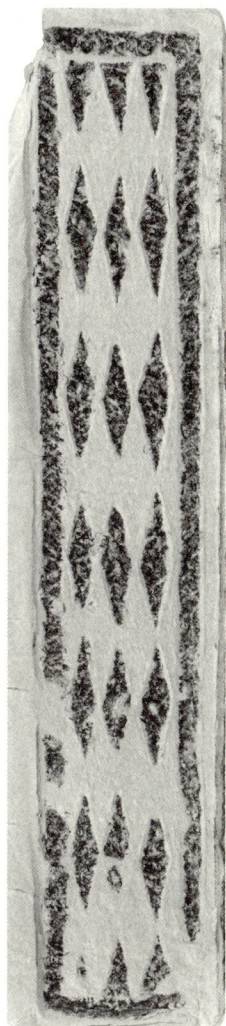

编号	SD-ZC-097(2)
时代	东汉
出土/征集地	峄山镇野店村
出土/征集时间	1962 年收集
原石尺寸	93 × 42.5 × 17
质地	石灰岩
原石情况	原石呈长方形，基本完整。
组合关系	
画面简述	画面为浅浮雕，刻三排菱形纹。四周有框。
著录与文献	
收藏单位	孟府习儒馆

编号	SD-ZC-098
时代	东汉
出土/征集地	峄山镇野店村
出土/征集时间	1961 年收集
原石尺寸	98.5×46×12.5
质地	石灰岩
原石情况	原石呈长方形，左下角残缺。
组合关系	
画面简述	画面为浅浮雕。画分上中下三格。上格为二人正面端坐。中格为二连弧纹。下格为铺首衔环，铺首头顶呈山形冠状。图像四周有框。
著录与文献	胡新立：《邹城汉画像石》，北京：文物出版社，2008 年，160 页，图 195。
收藏单位	孟庙

编号	SD-ZC-099
时代	东汉
出土/征集地	峄山镇野店村
出土/征集时间	1962 年收集
原石尺寸	81×82×25
质地	石灰岩
原石情况	原石呈长方形，右上角残缺，左侧有凹阶。
组合关系	
画面简述	画面为浅浮雕。画分上中下三格。上格刻五人，居中者正面端坐，左右二人持笏拜谒，左端一人侧坐，居右端者正面坐；中格刻四人，左第二人正面端坐，余者三人皆持笏面中拜谒；下格刻七人，左二人面右而立，右五人面左而立。四周有双层边框，框间填刻双排菱形纹。
著录与文献	胡新立：《邹城汉画像石》，北京：文物出版社，2008 年，161 页，图 196。
收藏单位	孟庙

编号	SD-ZC-100
时代	东汉
出土/征集地	峄山镇野店村
出土/征集时间	1962 年收集
原石尺寸	81.5×117×18.5
质地	石灰岩
原石情况	原石残为两段，右段下部剥蚀，上沿有残缺。
组合关系	
画面简述	画面为平面浅浮雕。画分两格，上格中有一三层重檐四坡顶楼阁建筑，每层皆有双柱，柱上接双层实拍栱（大栌斗？），柱间距逐层缩进，二、三层隐于屋顶之内。第三层柱间坐四人，皆漫漶不清，柱外左右各置一三足物（不明）。第二层柱间有三人，一人抚琴（瑟？），一人长袖舞，一人跽坐观看。双柱内侧各悬一物（不明），柱外侧檐内左右各攀有一猴，檐外左右各有凤鸟、猴、飞鸟、羽人（？）等攀附或飞翔。第一层柱间二人相对跽坐于榻上，二人之间上悬一横杆，杆上两端各挂一璧珰（？）（一说为风铎）、二有带矩形物，下置二樽及二耳杯，再下置一壶（或为钫）。二柱内侧亦各悬一短横杆，各挂一壶。檐下左侧有一大树（一说为合欢树），枝叶繁茂，树上立一鸟，树下左右各有一小兽。右柱外侧亦有横杆，且挂有物品，但漫漶不可见。檐下右角似挂一璧珰（？），其下可见二人，居左者似凭几而坐，居右者似执一锄右行。其上方一人，着袍拱手面左而立。下格左起为二马辂车，御者坐于前，尊者坐于后，后有二从骑，再后为一马车（车体漫漶不可辨），右端为一骑跟随。画面上下两边可见框。
著录与文献	赖非主编：《中国画像石全集·山东汉画像石》，济南：山东美术出版社，2000 年，61 页，图 69；杜蕾：《山东汉画像石乐舞图像研究》，硕士学位论文，中国艺术研究院，2005 年，67 页，编码 126；胡新立：《邹城汉画像石》，北京：文物出版社，2008 年，162 页，图 197；李立：《汉画像的叙述——汉画像的图像叙事学研究》，北京：中国社会科学出版社，2016 年，61 页，图 2-12。
收藏单位	孟庙

SD-ZC-100 局部

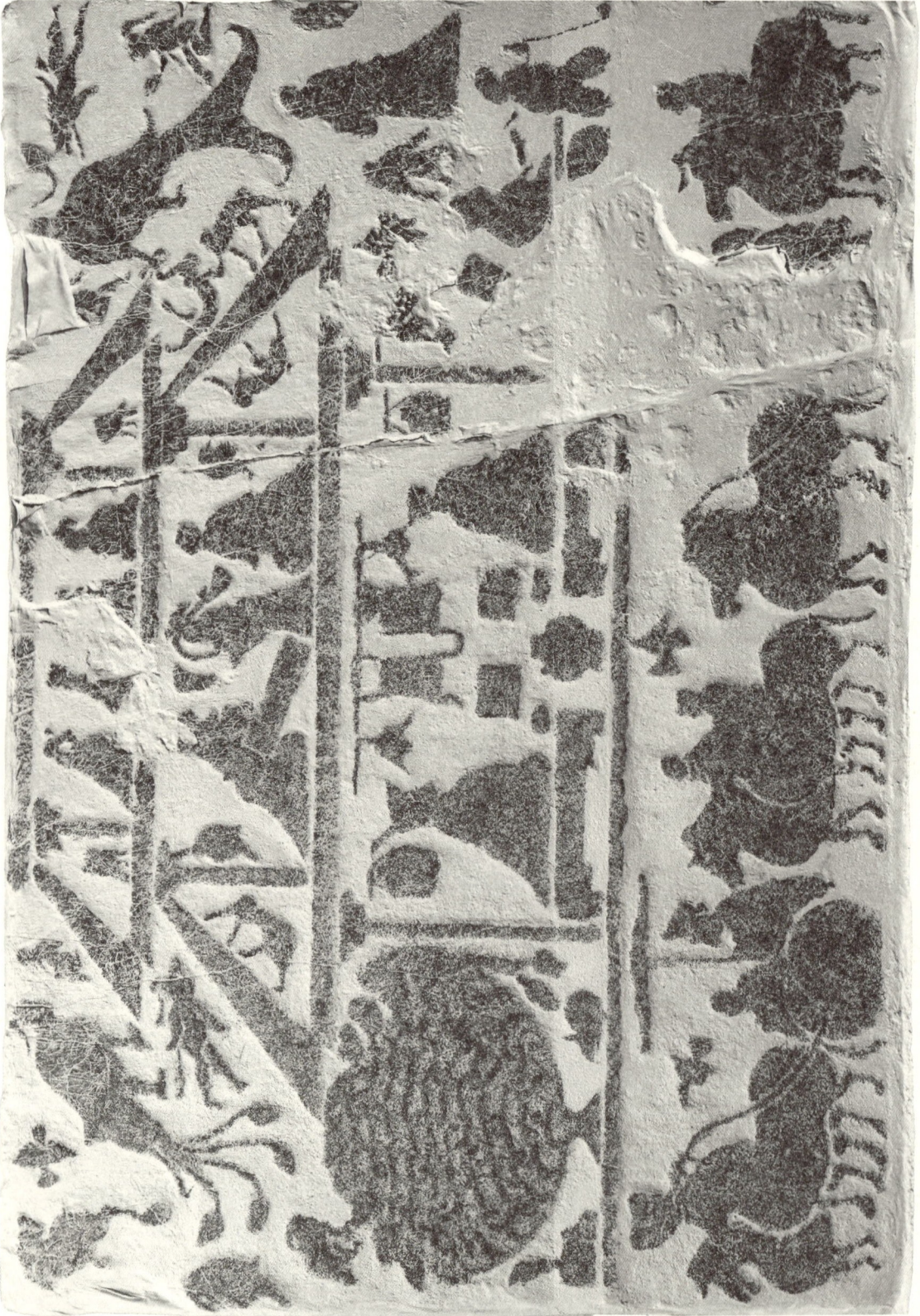

编号	SD-ZC-101
时代	东汉
出土/征集地	峄山镇野店村
出土/征集时间	1962 年收集
原石尺寸	62×53×10
质地	石灰岩
原石情况	原石呈长方形，四周基本完整，背面呈毛石状。
组合关系	
画面简述	画面为浅浮雕，应为一石之左边残存部分。残石分三格，左格刻四排菱形纹；中格漫漶，其中间偏左有一格线，其间似填刻菱形线纹；右格分为上下两层，上层刻二人执笏躬身站立，下层刻一人戴冠持棨戟站立。右侧一人残缺。
著录与文献	胡新立：《邹城汉画像石》，北京：文物出版社，2008 年，163 页，图 198。
收藏单位	孟庙

编号	SD-ZC-102
时代	东汉
出土/征集地	峄山镇野店村
出土/征集时间	1962 年收集
原石尺寸	60×75×13.5
质地	石灰岩
原石情况	原石呈长方形，左下角及右端残缺。
组合关系	
画面简述	画面为浅浮雕，分为三格，右侧残损。上格左起刻一三层重檐四坡顶楼阁建筑，正脊高大，屋顶与正脊皆有边框，每层皆有双柱，柱间距逐层缩进，第二、三层隐于屋顶之内。第三层柱间坐二人，第二层柱间亦坐二人。第二、三层檐口两侧各出一龙首反身向上，龙皆独角，吻部与正脊相接。一层双柱间一人骑马左行，柱顶与檐下有不规则凸起，似表现垂幔被其他图像遮挡的效果。柱外檐下左侧有一人，着袍持盾躬身面右而立。柱外檐下右侧刻一马辀（？）车，其右又有一建筑，形制应同左侧建筑相仿，但其大部残损不可见。两建筑檐口之间可见一半身正面戴冠人像。中格填刻三角形线纹，下格填刻四排菱形纹。画面上、下、左三边有框。
著录与文献	傅惜华：《汉画像全集》（二编），北京：巴黎大学北京汉学研究所，1950 年，图 57；胡新立：《邹城汉画像石》，北京：文物出版社，2008 年，165 页，图 200。
收藏单位	孟庙

SD-ZC-102 局部

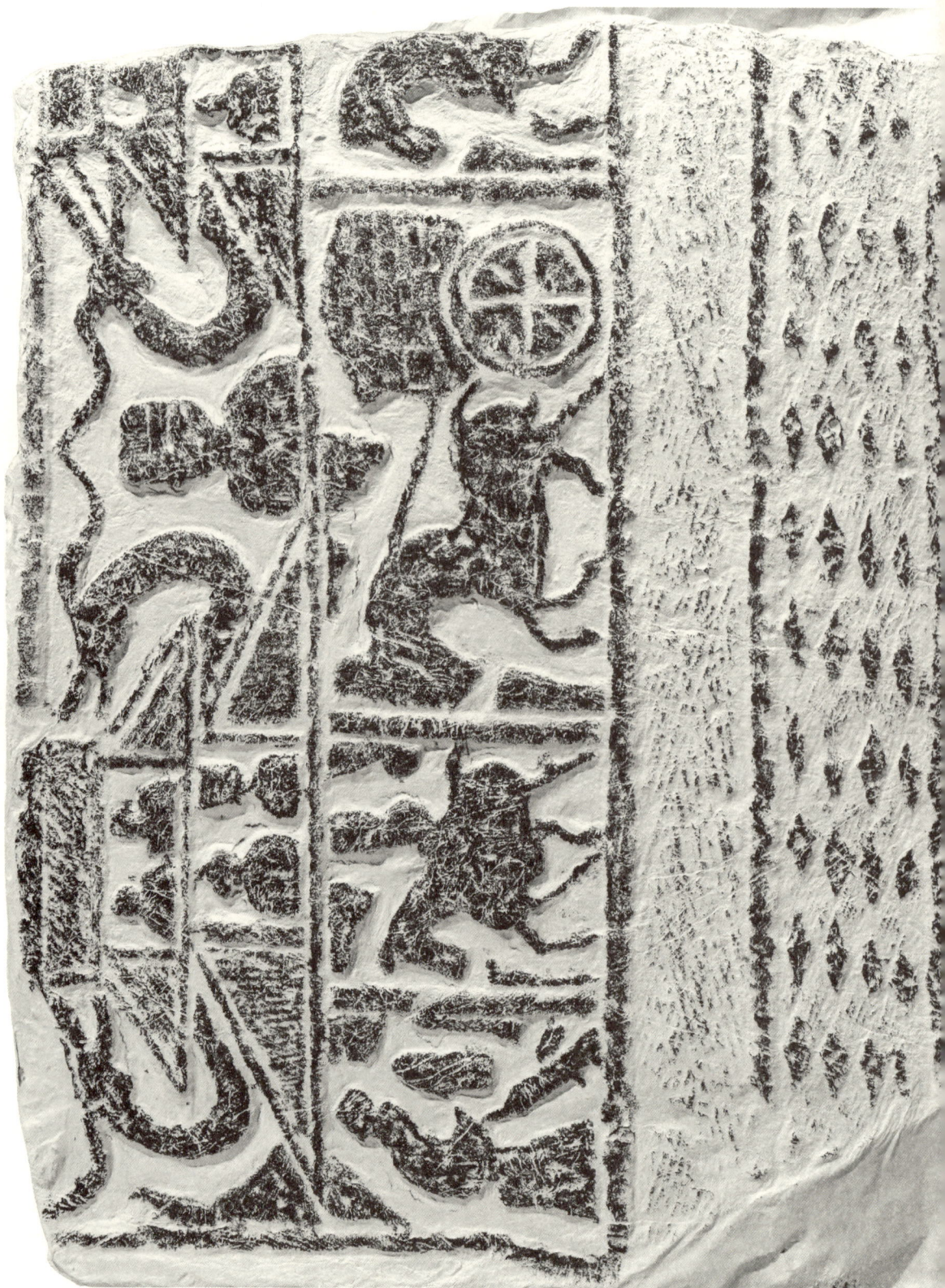

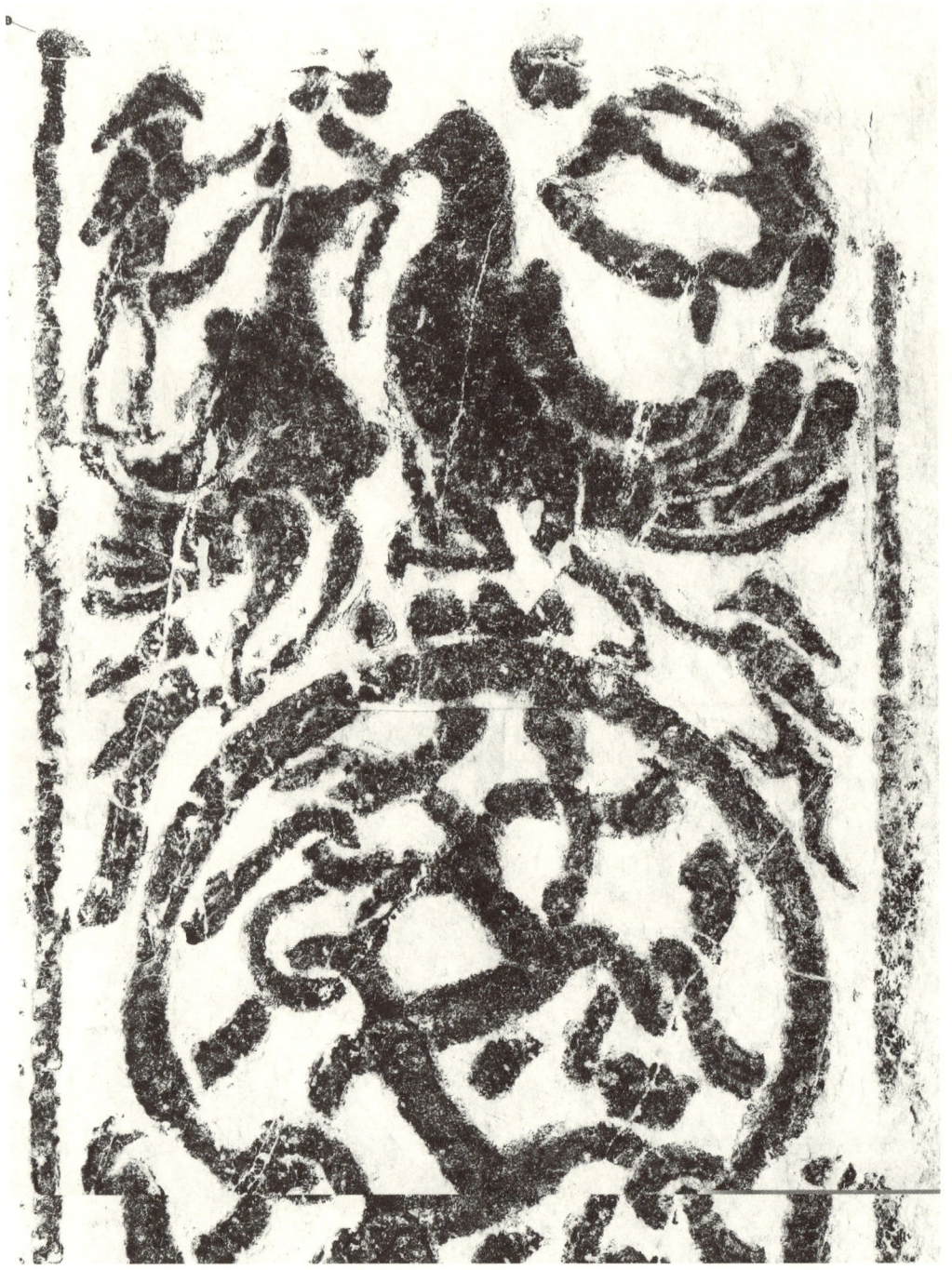

编号	SD-ZC-103
时代	东汉
出土/征集地	峄山镇野店村
出土/征集时间	1963 年收集
原石尺寸	64×48
质地	石灰岩
原石情况	仅存拓片。
组合关系	
画面简述	画面为浅浮雕。下边图像残缺。图像上部刻二凤鸟，鸟喙相接；其身后各有一羽人；其下为一树，枝干扭曲盘绕，树冠近似圆形，两侧各有一羽人（？）。两侧可见边框。
著录与文献	胡新立：《邹城汉画像石》，北京：文物出版社，2008 年，164 页，图 199。
收藏单位	

编号	SD-ZC-104-01
时代	东汉
出土/征集地	峄山镇野店村
出土/征集时间	2009 年出土
原石尺寸	51×229×28.5
质地	石灰岩
原石情况	原石呈长方形，基本完整。
组合关系	
画面简述	画面分为左中右三格，左右两格皆刻铺首衔环，环内刻十字。中格分为上下两层，上层刻变形云纹，下层刻车马出行：左起一骑吏前导，戴进贤冠，后跟五辆轺车，车上皆有尊者、御者各一，尊者戴进贤冠。四周有框。
著录与文献	
收藏单位	孟府习儒馆

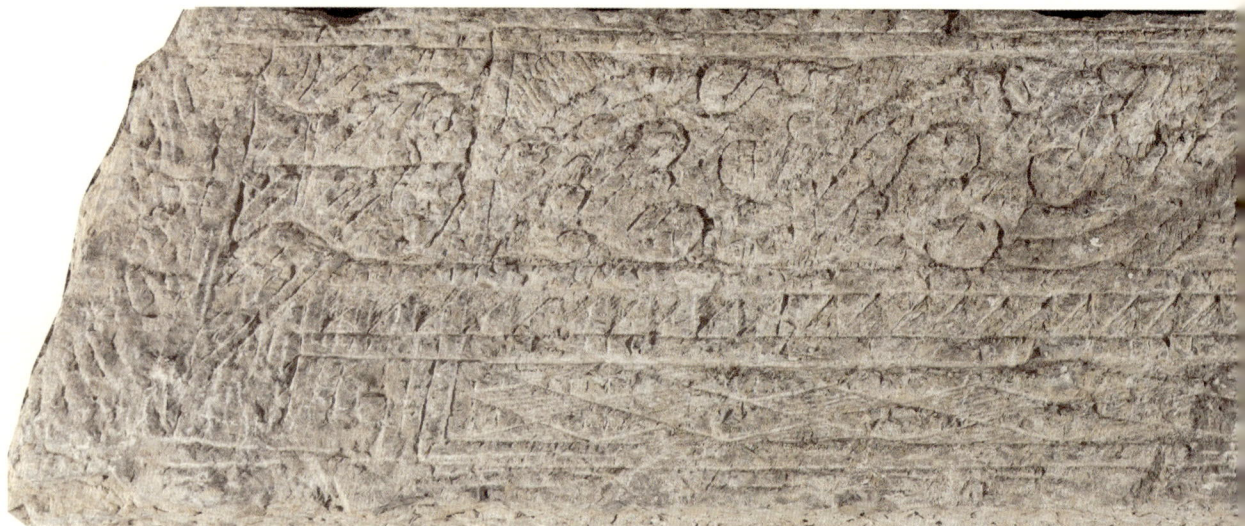

编号	SD-ZC-104-02
时代	东汉
出土/征集地	峄山镇野店村
出土/征集时间	2009 年出土
原石尺寸	54×263×27.5
质地	石灰岩
原石情况	底部左右有两圆凹，中间有凹阶。
组合关系	门楣
画面简述	画面分为上中下三层。上层分为左右两格。左格刻三鱼，上下相并。右格刻云气纹，纹样两端各生鸟首。中层刻三角形纹。下层刻两排菱形纹，右端有一鱼。四周有框。
著录与文献	
收藏单位	孟庙

编号	SD-ZC-104-03
时代	东汉
出土/征集地	峄山镇野店村
出土/征集时间	2009 年出土
原石尺寸	48×225.7×25.6
质地	石灰岩
原石情况	原石断为三截，边角处有残缺。
组合关系	
画面简述	画面分为上下两层。上层刻十八个人物，皆戴冠着袍，人物头部之间空处各刻一飞鸟。最右端刻一鸟。下层从左至右刻一导骑，后有六辆轺车，车上皆有尊者、御者各一，尊者戴进贤冠。上、下、右三边可见框。
著录与文献	
收藏单位	孟庙

编号	SD-ZC-104-04(1)
时代	东汉
出土/征集地	峄山镇野店村
出土/征集时间	2009 年出土
原石尺寸	53×274×26
质地	石灰岩
原石情况	原石残为两段。左右两端底面可见一圆凹。
组合关系	
画面简述	原石左右各刻一铺首衔环。中间分为四层，从上至下依次刻云气纹、连弧纹、三角形纹、菱形纹。四周有框。
著录与文献	
收藏单位	孟庙

编号	SD-ZC-104-04(2)
时代	东汉
出土/征集地	峄山镇野店村
出土/征集时间	2009 年出土
原石尺寸	53×274×26
质地	石灰岩
原石情况	原石残为两段。左右两端底面可见一圆凹。
组合关系	
画面简述	画面分为上下两层，上层刻云气纹，下层刻车马出行：左端一人戴冠着袍，右向站立，其右可见二导骑，后有五辆轺车，车上皆有尊者、御者各一，尊者戴进贤冠。四周有框。
著录与文献	
收藏单位	孟庙

编号	SD-ZC-104-05
时代	东汉
出土/征集地	峄山镇野店村
出土/征集时间	2009 年出土
原石尺寸	57×42.8×9
质地	石灰岩
原石情况	原石呈长方形，两边残缺。一端有门枢。
组合关系	
画面简述	画面为残缺的一角，分为内外三层。最外一层填刻斜条纹，中间一层刻连弧纹，最里一层残缺。
著录与文献	
收藏单位	孟庙

编号	SD-ZC-104-06
时代	东汉
出土/征集地	峄山镇野店村
出土/征集时间	2009 年出土
原石尺寸	
质地	石灰岩
原石情况	
组合关系	
画面简述	画面为残缺的一角，分为内外三层。
著录与文献	
收藏单位	孟庙

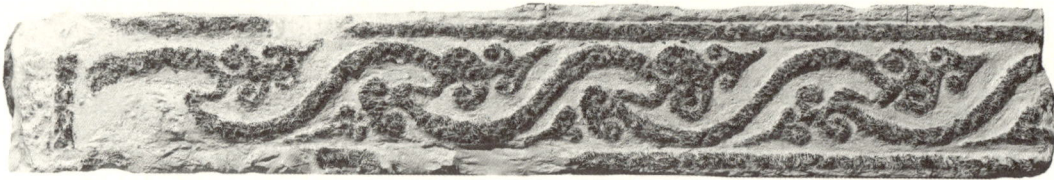

编号	SD-ZC-104-07
时代	东汉
出土/征集地	峄山镇野店村
出土/征集时间	2009 年出土
原石尺寸	19×285.5×41
质地	石灰岩
原石情况	原石从中断为两截，两端为毛石状，上部有凿低的建筑结构。
组合关系	
画面简述	画面刻卷云纹，四周有框。
著录与文献	
收藏单位	孟庙

编号	SD-ZC-104-08(1)
时代	东汉
出土/征集地	峄山镇野店村
出土/征集时间	2009 年出土
原石尺寸	123.5×123×132×27.5
质地	石灰岩
原石情况	原石为三角形，三边及底部凿平。顶部凿有建筑结构。
组合关系	
画面简述	画面在三角形框架内刻变形云纹，其间有四圆形。
著录与文献	
收藏单位	孟庙

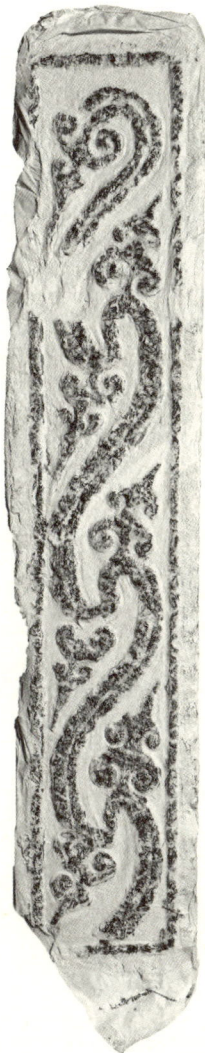

编号	SD-ZC-104-08(2)
时代	东汉
出土/征集地	峄山镇野店村
出土/征集时间	2009 年出土
原石尺寸	27.5×132
质地	石灰岩
原石情况	原石为三角形，三边及底部凿平。顶部凿有建筑结构。
组合关系	
画面简述	画面刻变形云纹，四周有框。
著录与文献	
收藏单位	孟庙

编号	SD-ZC-104-09(1)
时代	东汉
出土/征集地	峄山镇野店村
出土/征集时间	2009 年出土
原石尺寸	117.5×126.5×146.5×30
质地	石灰岩
原石情况	原石为三角形，一边呈毛石状，顶部凿平，有建筑结构。
组合关系	
画面简述	画面在三角形框架内刻变形云纹。
著录与文献	
收藏单位	孟庙

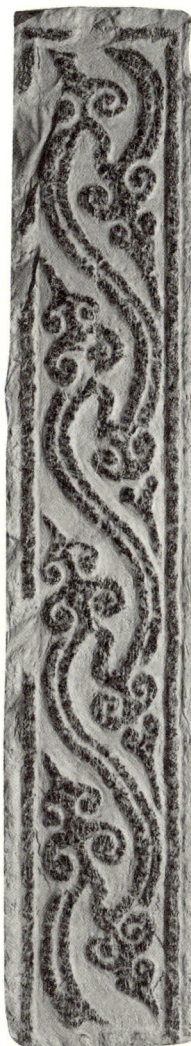

编号	SD-ZC-104-09(2)
时代	东汉
出土/征集地	峄山镇野店村
出土/征集时间	2009 年出土
原石尺寸	30×146.5
质地	石灰岩
原石情况	原石为三角形，一边呈毛石状，顶部凿平，有建筑结构。
组合关系	
画面简述	画面刻变形云纹，四周有框。
著录与文献	
收藏单位	孟庙

编号	SD-ZC-104-10(1)
时代	东汉
出土/征集地	峄山镇野店村
出土/征集时间	2009 年出土
原石尺寸	90.5×126×144×26
质地	石灰岩
原石情况	原石呈三角形，两边及顶部凿平。
组合关系	
画面简述	画面在三角形框架内刻变形云纹。
著录与文献	
收藏单位	孟庙

编号	SD-ZC-104-10(2)
时代	东汉
出土/征集地	峄山镇野店村
出土/征集时间	2009 年出土
原石尺寸	26×144
质地	石灰岩
原石情况	原石呈三角形，两边及顶部凿平。
组合关系	
画面简述	画面刻变形云纹，四周有框。
著录与文献	
收藏单位	孟庙

编号	SD-ZC-104-11(1)
时代	东汉
出土/征集地	峄山镇野店村
出土/征集时间	2009 年出土
原石尺寸	64×78×67.5×18
质地	石灰岩
原石情况	原石呈三角形，略残。
组合关系	
画面简述	云气纹。
著录与文献	
收藏单位	孟庙

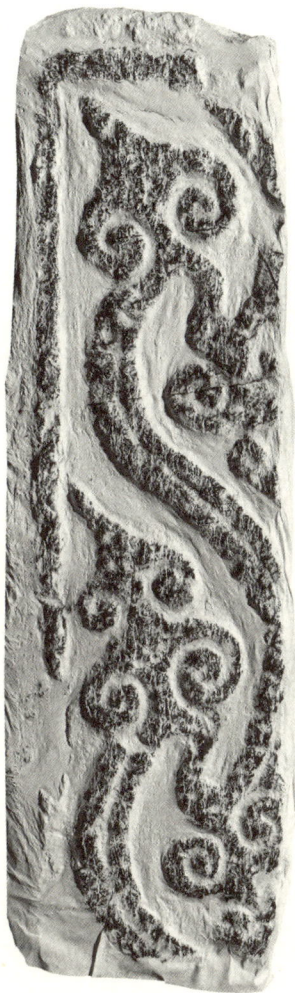

编　号	SD-ZC-104-11(2)
时　代	东汉
出土/征集地	峄山镇野店村
出土/征集时间	2009 年出土
原石尺寸	18×67.5
质　地	石灰岩
原石情况	原石呈三角形，略残。
组合关系	
画面简述	云气纹，左上两沿可见框。
著录与文献	
收藏单位	孟庙

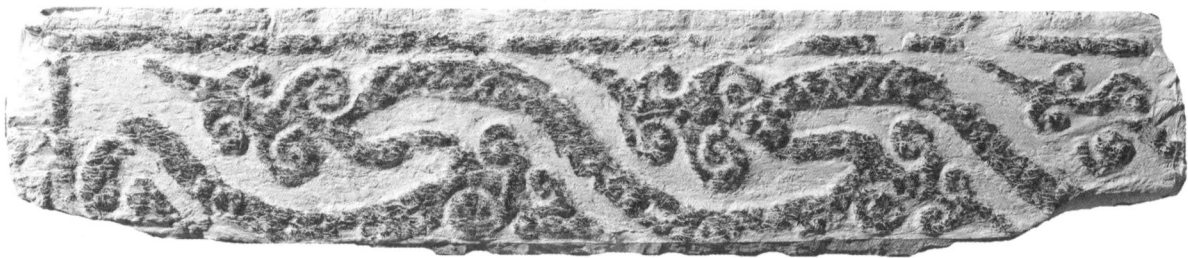

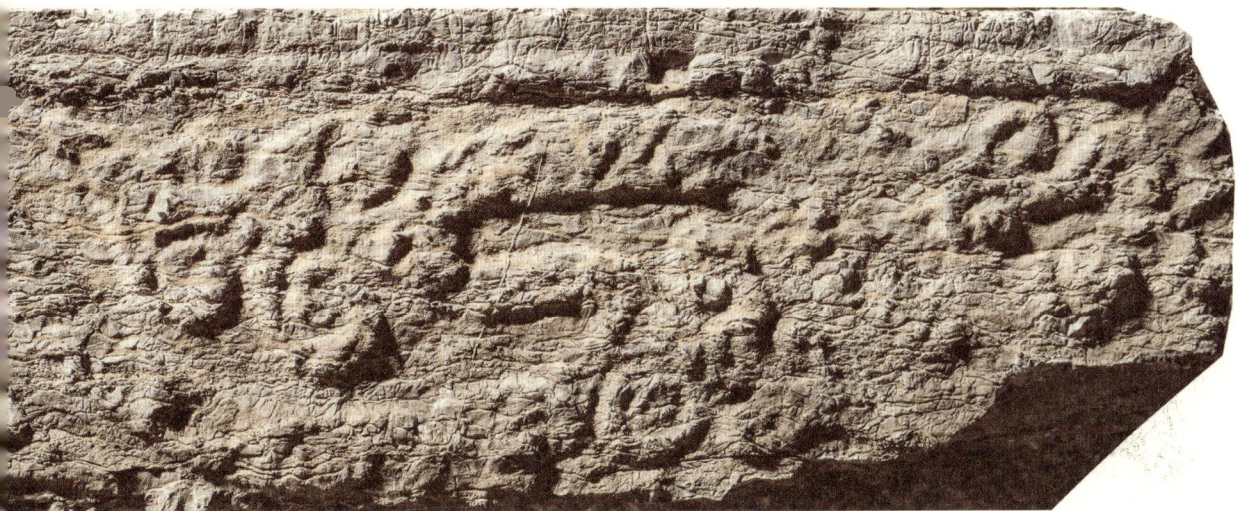

编号　　　　SD-ZC-104-12

时代　　　　东汉

出土/征集地　峄山镇野店村

出土/征集时间　2009 年出土

原石尺寸　　23×138×44.5

质地　　　　石灰岩

原石情况　　原石呈长方形，一端残缺。

组合关系

画面简述　　云气纹，漫漶，左、上两沿可见框。

著录与文献

收藏单位　　孟庙

编号	SD-ZC-104-13
时代	东汉
出土/征集地	峄山镇野店村
出土/征集时间	2009 年出土
原石尺寸	17.2×97.1×39
质地	石灰岩
原石情况	原石呈长方形,左右两端残。
组合关系	
画面简述	云气纹,漫漶,下沿可见框。
著录与文献	
收藏单位	孟庙

编号	SD-ZC-104-14
时代	东汉
出土/征集地	峄山镇野店村
出土/征集时间	2009 年出土
原石尺寸	25×132×45
质地	石灰岩
原石情况	原石呈长方形，整体漫漶。
组合关系	
画面简述	云气纹，漫漶，左右两端残。
著录与文献	
收藏单位	孟庙

编号	SD-ZC-104-15(1)
时代	东汉
出土/征集地	峄山镇野店村
出土/征集时间	2009 年出土
原石尺寸	79×36.5×22
质地	石灰岩
原石情况	原石为三角形，一角残缺。
组合关系	
画面简述	云气纹。
著录与文献	
收藏单位	孟庙

编号	SD-ZC-104-15(2)
时代	东汉
出土/征集地	峄山镇野店村
出土/征集时间	2009 年出土
原石尺寸	22×36.5
质地	石灰岩
原石情况	原石呈三角形，整体漫漶。
组合关系	
画面简述	云气纹，一沿可见框。
著录与文献	
收藏单位	孟庙

编号	SD-ZC-104-16
时代	东汉
出土/征集地	峄山镇野店村
出土/征集时间	2009 年出土
原石尺寸	18.5×119×42
质地	石灰岩
原石情况	原石呈长方形，基本完整。
组合关系	
画面简述	云气纹，上下两边有框。
著录与文献	
收藏单位	孟庙

编号	SD-ZC-104-17
时代	东汉
出土/征集地	峄山镇野店村
出土/征集时间	2009 年出土
原石尺寸	103 × 107 × 19.5
质地	石灰岩
原石情况	原石三边平整，一侧凿有建筑结构。外缘呈毛石状。
组合关系	
画面简述	画面分为两部分。左边刻云气纹。右边为长方形，中刻有八尖角的圆璧，璧肉部分刻顺时针线纹，四周饰以连弧纹。画面整体四周有边框。
著录与文献	
收藏单位	孟庙

编号	SD-ZC-105
时代	东汉
出土/征集地	峄山镇野店村
出土/征集时间	2009 年出土
原石尺寸	118.5×108×26
质地	石灰岩
原石情况	原石呈长方形，基本完整。
组合关系	
画面简述	画面为浅浮雕。画中心刻一璧，内外皆有边缘，璧面（肉）填刻逆时针涡卷线纹，上下左右四出三角形，斜向四出斜线，与四角之弧形相连。四周有框。
著录与文献	邹城市文物局：《山东邹城峄山北龙河宋金墓发掘简报》，载《文物》2017 年第 1 期，43 页，图十六、十七。
收藏单位	孟庙

编号	SD-ZC-106
时代	东汉，汉安元年（142 年）
出土/征集地	邹城市北龙河村
出土/征集时间	2013 年出土
原石尺寸	47×192×28
质地	石灰岩
原石情况	原石左端断裂，上部左右两端边缘有缺损。
组合关系	
画面简述	画面为浅浮雕，分为上下两层。上层为一道垂幔纹，垂幔间悬挂如意形挂饰。下格又分左右两格，中有格线。左侧左起一人，双手前伸，一兽（一说麒麟）面右而立，其上一鹿飞奔。右侧一人，头顶有四出发饰（冠?），着过膝袍，一袖卷起，手持一丸状物，另一手上扬。其右三人皆着及地长袍，前襟垂竖纹弧形衣饰，居左者拱手正面立，居中者腰挎环首长刀侧立，居右者拄杖侧立。画面右侧为一长篇铭文："魯國騶亭掾、主簿掾、文通食堂／掾少小讀《嚴氏春秋》，經召縣掾、功曹、／府文學、簿曹、掾縣三老。掾年八十六以永／和六年十月八日己未以壽終。母年八十四以／永和五年五月八日丁卯以壽終。掾有子／男女八人，大女蒨侯，字惠邁，適戊父。長／大男宗，字伯宗，年五十病終；有子男久卿，久／卿弟寶公。伯宗弟殷，字孟卿，年卅病終；／有子男如，字伯商。孟卿弟寅，字仲玉，年／五十病終；有子男憙，弟阿奴。仲玉弟識，／字元玉，有子男方、弟扶、弟羨、弟顧。元玉弟竟，字仲忽，有子男吉，弟福。仲／忽弟強，字季卿，有子男高，弟寶、弟時、弟少貴。季卿弟興，字季起，／有子男伯張。季起兄弟八人，諸兄薄／命蚤終。季起秉掾，母奉終。得備衣冠／印綬，長姊雖無，思孝之心，尤識子道，反（返）哺之／恩，躬率諸孫，舉家竭歡，奉進甘珍。子／孫思無堂，各欲盡□，制□曰愁。□欲／兄姊不使，少子欲養親不往（在），掩（闇）忽／□（欲）供養，悲痛達心喪魂魄。歲（遂）置／自造（這）歸幽冥，孤子腸斷，維五感常／□（永）悲傷，掾、母命終，何其垂念之，悲結（切）／忉怛無窮，其子無隨沒之壽，王無附死／之臣，唯願有此石顯闕，以奉四時，供祭魂神，以／□世祿，永享其道。願勑霜護，且子孫祭／。无壽子季起與伯張、高、寶等作成／石廟堂，以俟魂神，往來休息，孝之然也。所／以置食堂，雖鄙陋，萬世墓表，頌之皆／昌，逆之者亡。後子孫免崩落□子。願／毋絕緣，常受吉福，永永無極，萬歲無央。／伯宗妻□□□，字惠卿，年六十終。有子女／福之□□。孟卿妻高平孔叔陽女，四十八終。／仲玉妻徐忠□女，字淑，有子女、孫、女等／□之。元玉妻瞿伯春，字睦信，有子女潼／去。仲忽妻安天□小卿女，字敬郎，有子／女□。季卿妻資稚侯女，字敬淑，有子女□。／季起妻徐季文女，字義親，有子女。年／十五構（遭）命夭折附葬（此），謁（竭）家痛切，治此食／堂，以漢安元年六月七日甲寅，畢成。石工高／平□、高平□□，直（值）五萬。此中人馬皆食大（太）倉。"右端一人着左衽過膝袍，頭頂立一鳥，雙手攏袖而立。四周有框。
著录与文献	胡新立：《邹城新发现汉安元年文通祠堂题记及释读》，载《中国汉画研究》第五卷，桂林：广西师范大学出版社，2016 年；姜生：《汉帝国的遗产——汉鬼考》，北京：科学出版社，2016 年，124 页，图 6-24（插页）；邹城市文物局：《山东邹城峄山北龙河宋金墓发掘简报》，载《文物》2017 年第 1 期，38 页，图七、图八、图九、图十、图十一；胡新立：《邹城新发现汉安元年文通祠堂题记及图像释读》，载《文物》2017 年第 1 期，76-85 页。
收藏单位	孟庙

编号	SD-ZC-107
时代	东汉
出土/征集地	邹城市北龙河村
出土/征集时间	2013 年出土
原石尺寸	94.5×152×18.5
质地	石灰岩
原石情况	原石中部出土时漫漶，似为长期磨损所致。
组合关系	
画面简述	画面为浅浮雕，分为两格。上格左上部为大小共计十五只禽鸟，或立或飞。其下为一水榭连廊，水榭为四坡顶，正脊刻斜线纹，下有双细柱，柱间有三人皆戴冠，左一人正面端坐，另二人侧面伏拜。双柱下又接一层屋顶，再下为一大栌斗（双层实拍栱？）承托，其下一大栾栱悬挑整个结构，栾栱下中间由一有柱头及础的蜀柱支撑加固。水榭左侧有楼梯连接，扶手及栏板清晰，三位戴进贤冠者鱼贯而上。楼梯与栾栱之间有二只带羽冠水禽，其中一水禽正啄一鱼。蜀柱两侧各有一大鱼，左下另有一小鱼。水榭下层屋顶檐角坐一人持竿钓鱼，三鱼聚首于鱼钩附近，另有二鲵（鲶？）趋近。栾栱外侧檐下可见三个人首鱼身神怪，皆戴冠，其身后三位戴三山冠者各骑一鱼左向而行，另有三鱼重叠并列于其间。水榭右侧有一曲尺形连廊，上有两坡瓦顶，下有栏杆，仅见一立柱支撑。廊内可见九人，外侧末端之人似跽坐，伸手持一长竿，但细节漫漶不可辨。廊下及右侧可见大小共计十只禽鸟，或立或飞。下有一舟，舟上三人，右二人各持一桨，舟右侧有一鲵（鲶？）、一鸟，下方为二鱼。再下为四鱼辀车，御者在前，尊者在后，皆戴三山冠。下格被整齐凿断，残石可见二龙首尾及一兽（？）局部，二龙皆有独角。画面上沿及左侧有双边框，框间填刻三排菱形纹。
著录与文献	邹城市文物局：《山东邹城峄山北龙河宋金墓发掘简报》，载《文物》2017 年第 1 期，47 页，图二七；48 页，图二八。
收藏单位	孟庙

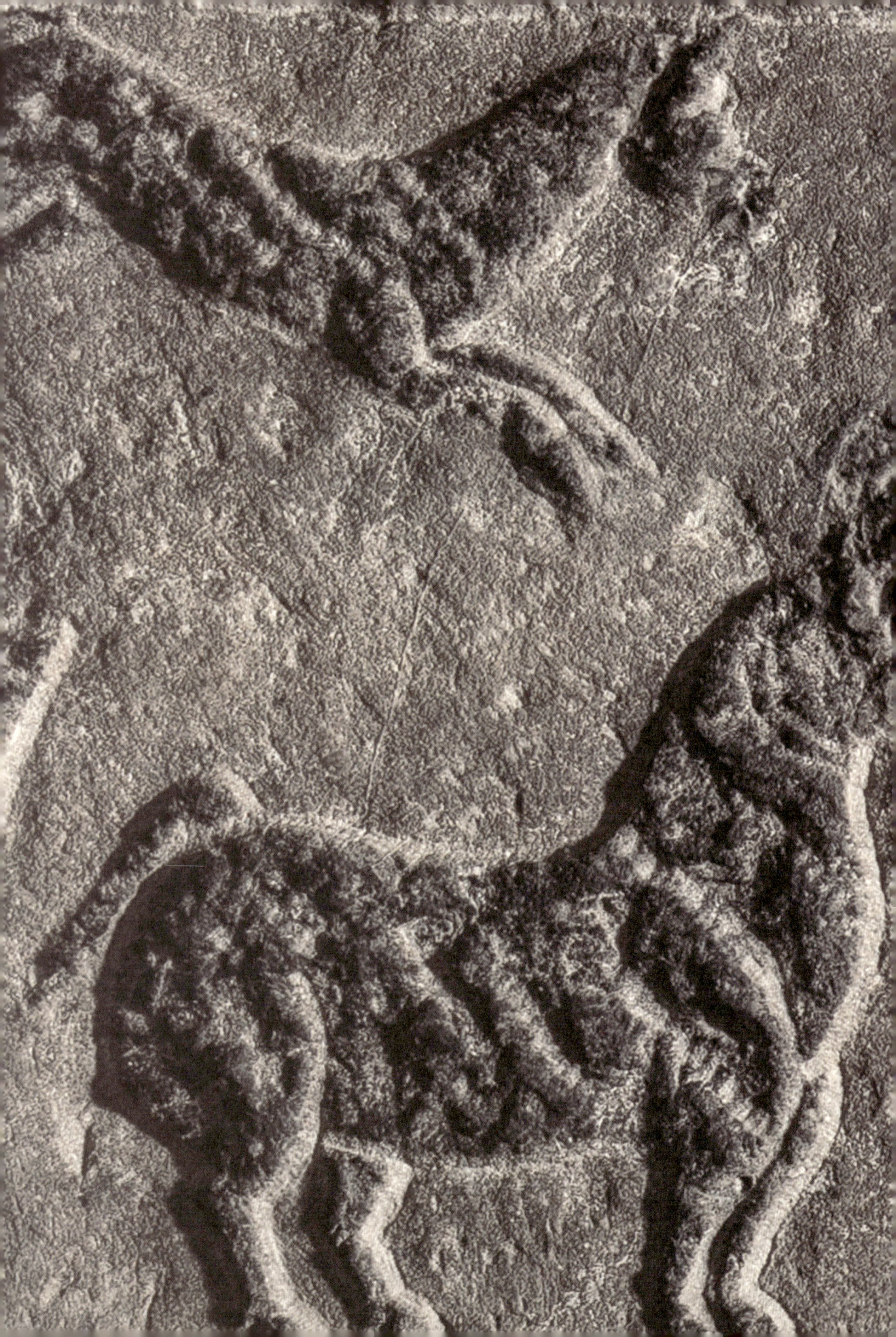

SD-ZC-106 局部（与原石等大）

SD-ZC-106 局部（与原石等大）

SD-ZC-107 局部

编号	SD-ZC-108
时代	东汉
出土/征集地	邹城市北龙河村
出土/征集时间	2013 年出土
原石尺寸	66×240×15
质地	石灰岩
原石情况	原石呈长方形。左侧有凹槽，右侧有榫槽。
组合关系	
画面简述	画面为阴线刻，分为左、中、右三格。中间一格刻二人技击，居左者着过膝袍，居右者着曳地长袍，二人皆一手持长剑（刀？），一手持钩镶（？）。左右两格刻十字穿环纹。每格画面皆有双重边框，框间填刻三角形线纹。画面四周整体有边框，框间填刻菱形线纹。
著录与文献	邹城市文物局：《山东邹城峄山北龙河宋金墓发掘简报》，载《文物》2017 年第 1 期，47 页，图二五、二六。
收藏单位	孟庙

编号	SD-ZC-109
时代	东汉
出土/征集地	邹城市北龙河村
出土/征集时间	2013 年出土
原石尺寸	58.5×210×24
质地	石灰岩
原石情况	原石呈长方形，上、左、右三端因再葬而被凿出建筑结构。
组合关系	
画面简述	画面自上而下分为三层。第一层从左至右分为三格。中格中部刻二人搏斗场景：左一人戴帻着长袍，右手持勾镶上举，左手举剑格挡；右一人戴进贤冠，着短袍，双手持矛进击，二人上衣皆刻鳞纹。剑矛之下有一人，体量较小，着短衣，双手上举，两脚迈开。持剑者左侧刻二人，皆着袍，身体前倾。持矛者右侧刻二人，左一人戴冠着袍站立，双手前伸，右一人手中拄杖站立。人物上部刻四只怪兽。左右两侧为人面兽身神怪，其中左为凤鸟（？）身，右为鹿（？）身。左右两格各刻一璧，璧上部皆残，其内外皆有边缘，其中外侧为双层边，璧面（肉）填刻逆时针涡卷线纹，斜向四出斜线，与四角之弧形相连。左璧下为斗鸡（？）场景，且其中间有一鱼；右璧下刻二龙嬉戏，空白处填刻斜线纹。中层填刻三角形线纹。下层填刻三排菱形纹。画面仅下沿有框，其余三边皆被破坏，应为再利用时修凿。
著录与文献	邹城市文物局：《山东邹城峄山北龙河宋金墓发掘简报》，载《文物》2017 年第 1 期，45 页，图二二。
收藏单位	孟庙

SD-ZC-109 局部（与原石等大）

编号	SD-ZC-110(1)
时代	东汉
出土/征集地	邹城市北龙河村
出土/征集时间	2013 年出土
原石尺寸	7.5×101.5×26
质地	石灰岩
原石情况	原石呈长方形，上端因再葬而被凿掉。
组合关系	
画面简述	画面为浅浮雕，上部残断，似为两神交缠，残留下半身。中一人，似戴冠（一说为力士冠），着长袍，袍摆宽大，攘袖，右手握（？）上方神兽蹄，未见腿部，似为坐姿。下刻三人，左侧人物体量较小，戴帻着袍，执彗而立；中一人着袍戴武冠，捧盾躬身侧立；右侧一人戴进贤冠，着袍执笏躬身站立。左、右、下三沿有框。
著录与文献	邹城市文物局：《山东邹城峄山北龙河宋金墓发掘简报》，载《文物》2017 年第 1 期，41 页，图十二；42 页，图十四。
收藏单位	孟庙

SD-ZC-109 局部（与原石等大）

编号	SD-ZC-110(2)
时代	东汉
出土/征集地	邹城市北龙河村
出土/征集时间	2013 年出土
原石尺寸	101.5×26×7.5
质地	石灰岩
原石情况	原石呈长方形，上端因再葬而被凿掉。
组合关系	
画面简述	画面为浅浮雕，上部残断，仅留一人脸部，下部分为上下两格。上格左为一人着曳地长袍，右为一半人半龙神（？），戴冠着上衣。二者相对，袖部相接。下格左为一人着曳地长袍，右为一半人半龙神，戴冠着上衣。二者相对，衣身紧贴。四周有框。
著录与文献	邹城市文物局：《山东邹城峄山北龙河宋金墓发掘简报》，载《文物》2017 年第 1 期，41 页，图十三；42 页，图十五。
收藏单位	孟庙

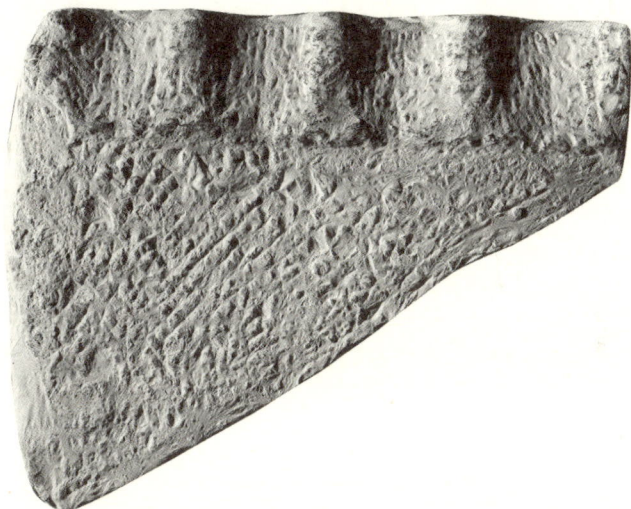

编号	SD-ZC-111(1)
时代	东汉
出土/征集地	邹城市北龙河村
出土/征集时间	2013 年出土
原石尺寸	28×109
质地	石灰岩
原石情况	原石呈三角形，基本完好。
组合关系	
画面简述	原石刻瓦垄结构。
著录与文献	
收藏单位	博物馆

编号	SD-ZC-111(2)
时代	东汉
出土/征集地	邹城市北龙河村
出土/征集时间	2013 年出土
原石尺寸	28×109
质地	石灰岩
原石情况	原石呈三角形，基本完好。
组合关系	
画面简述	原石刻瓦垄结构。
著录与文献	
收藏单位	博物馆

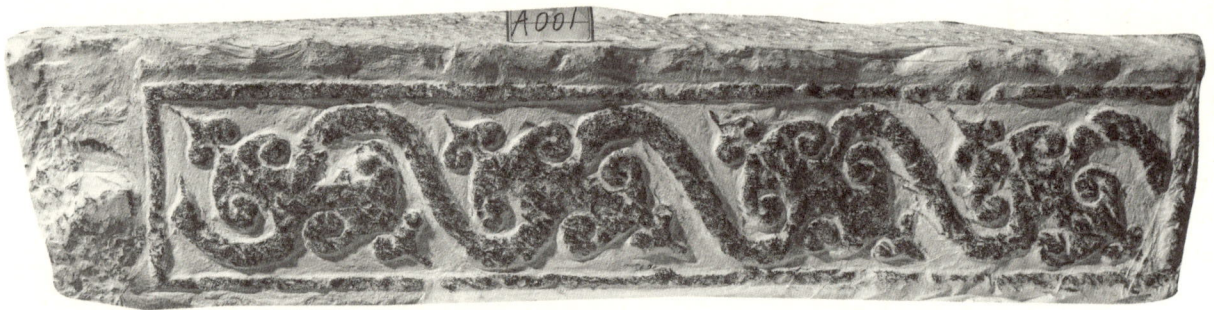

编号	SD-ZC-111(3)
时代	东汉
出土/征集地	邹城市北龙河村
出土/征集时间	2013 年出土
原石尺寸	25×131
质地	石灰岩
原石情况	原石呈三角形，基本完好。
组合关系	疑为祠堂顶改建为藻井
画面简述	画面刻云气纹，一端生出鸟首。四周有框。
著录与文献	
收藏单位	博物馆

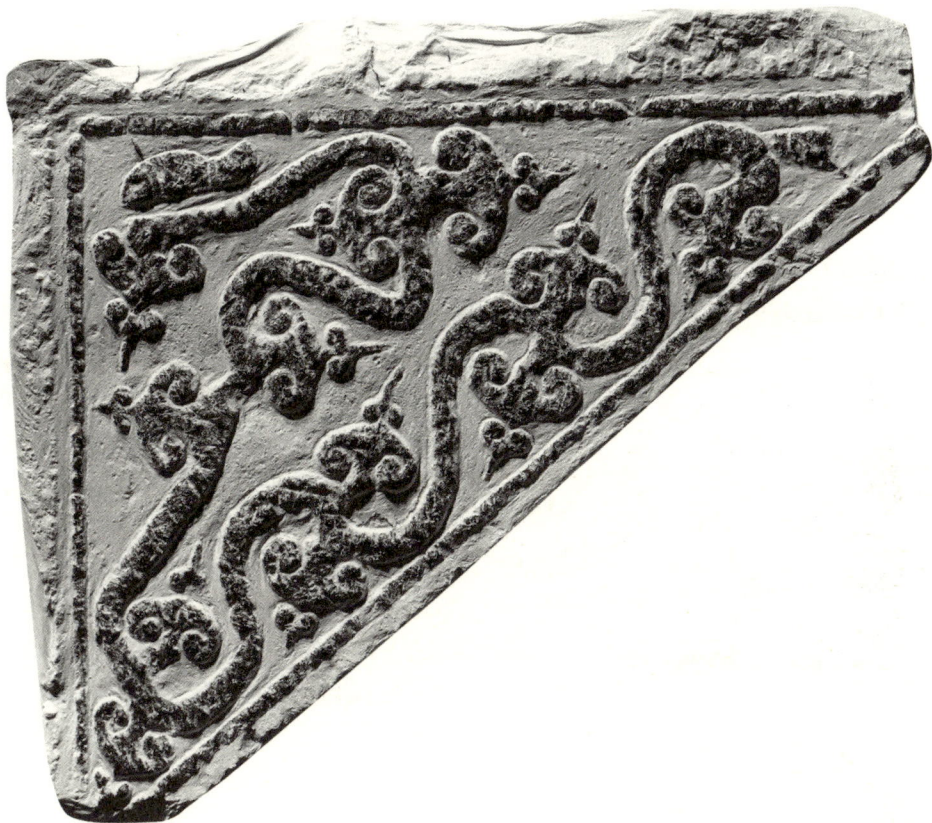

编号	SD-ZC-112(1)
时代	东汉
出土/征集地	邹城市北龙河村
出土/征集时间	2013 年出土
原石尺寸	89×101×130
质地	石灰岩
原石情况	原石呈三角形，基本完好。
组合关系	
画面简述	画面刻云气纹，一角刻一鱼，一角刻一鸟首。三边有框。
著录与文献	
收藏单位	博物馆

编号	SD-ZC-112(2)
时代	东汉
出土/征集地	邹城市北龙河村
出土/征集时间	2013 年出土
原石尺寸	25×130
质地	石灰岩
原石情况	原石呈三角形,基本完好。
组合关系	
画面简述	画面刻云气纹,四周有框。
著录与文献	
收藏单位	博物馆

编号	SD-ZC-113(1)
时代	东汉
出土/征集地	邹城市北龙河村
出土/征集时间	2013 年出土
原石尺寸	115×86×128
质地	石灰岩
原石情况	原石呈三角形，基本完好。
组合关系	
画面简述	画面刻云气纹，一角刻双鸟头。三边有框。
著录与文献	
收藏单位	博物馆

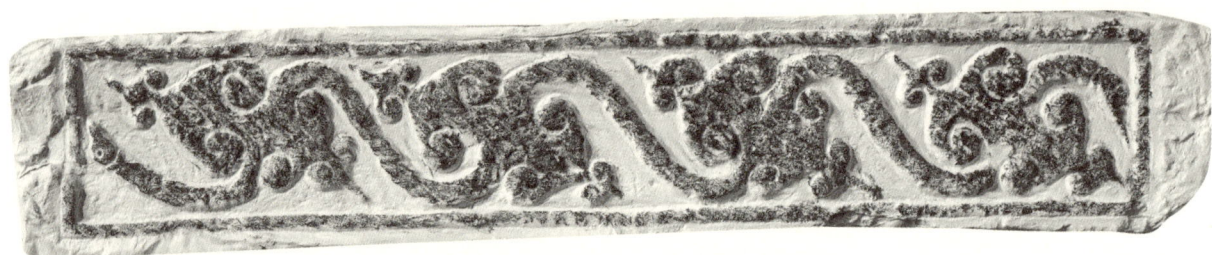

A003

编号	SD-ZC-113(2)
时代	东汉
出土/征集地	邹城市北龙河村
出土/征集时间	2013 年出土
原石尺寸	24.5×128
质地	石灰岩
原石情况	原石呈三角形，基本完好。
组合关系	
画面简述	画面刻云气纹，两端各生出一鸟首。四周有框。
著录与文献	
收藏单位	博物馆

编号	SD-ZC-114
时代	东汉
出土/征集地	邹城市北龙河村
出土/征集时间	2013 年出土
原石尺寸	83×74×11.5
质地	石灰岩
原石情况	原石呈长方形，基本完好。
组合关系	
画面简述	画面为浅浮雕，分为两格。一格刻连弧纹。一格中心刻一璧，内外皆有边缘，璧面（肉）填刻顺时针涡卷线纹，斜出四三角形指向四角。四周有框，空白处填刻斜线纹。
著录与文献	
收藏单位	博物馆

编号	SD-ZC-115(1)
时代	东汉
出土/征集地	邹城市北龙河村
出土/征集时间	2013 年出土
原石尺寸	
质地	石灰岩
原石情况	
组合关系	
画面简述	原石刻瓦垄结构。
著录与文献	
收藏单位	博物馆

编号	SD-ZC-115(2)
时代	东汉
出土/征集地	邹城市北龙河村
出土/征集时间	2013 年出土
原石尺寸	126.5×95×126
质地	石灰岩
原石情况	原石呈三角形，基本完好。
组合关系	
画面简述	原石刻瓦垄结构。
著录与文献	
收藏单位	博物馆

编号	SD-ZC-115(3)
时代	东汉
出土/征集地	邹城市北龙河村
出土/征集时间	2013 年出土
原石尺寸	25×126.5
质地	石灰岩
原石情况	原石呈三角形，基本完好。
组合关系	
画面简述	画面刻云气纹，两端各生出一鸟首。四周有框。
著录与文献	
收藏单位	博物馆

编号	SD-ZC-116
时代	西汉
出土/征集地	北宿镇羊厂村
出土/征集时间	1953 年收集
原石尺寸	67×242×13.5
质地	石灰岩
原石情况	原石呈长方形，基本完整。两侧及上部有凹槽结构。
组合关系	
画面简述	画面为阴线刻，分为三格。左格一人骑马左行，后有一随从，双手持戟；前有一侍者，手持笏，躬身相迎。中格中间为一建鼓，下方为兽形鼓跗，兽有前后足，首尾上扬，建鼓支架支于兽口，建鼓上有华盖，羽葆飘扬。建鼓两侧二人皆双手持鼓槌击鼓，二人身后另有二人右手举鼗鼓，正面而立。右格有一鹤（鹬？）低首啄一大鱼。三格画面各有边框，整体另有边框，框间填刻菱形线纹。
著录与文献	山东省博物馆、山东省文物考古研究所编：《山东汉画像石选集》，济南：齐鲁书社，1982 年，图 98、99；杜蕾：《山东汉画像石乐舞图像研究》，硕士学位论文，中国艺术研究院，2005 年，66 页，编码 123；胡新立：《邹城汉画像石》，北京：文物出版社，2008 年，166-167 页，图 201、202；赖非主编：《中国画像石全集·山东汉画像石》，济南：山东美术出版社，2000 年，78-79 页，图 85；《中国音乐文物大系》总编辑部：《中国音乐文物大系·山东卷》，郑州：大象出版社，2001 年，283 页，图 2·5·5。
收藏单位	孟庙

编号	SD-ZC-117
时代	东汉
出土/征集地	北宿镇羊厂村
出土/征集时间	1953 年收集
原石尺寸	83.5×140.5×13.5
质地	石灰岩
原石情况	原石呈长方形，左下角及右端残缺。
组合关系	
画面简述	画面为浅浮雕，分为三格。上格为变形云纹。中格左起为二骑，其中左端骑手漫漶不可辨，其后为一马轺车，御者在前，尊者在后。再后为二从骑，其中居前者负弓，居后者仅见马首，其余残损不可见。下格为多层嵌套纹样，由外至内依次为斜线纹、连弧纹、三角形纹。左边及上沿有框。
著录与文献	胡新立：《邹城汉画像石》，北京：文物出版社，2008 年，167 页，图 203。
收藏单位	孟庙

编号	SD-ZC-118-01
时代	西汉
出土/征集地	北宿镇谷堆村
出土/征集时间	1986 年出土
原石尺寸	70×74×11
质地	石灰岩
原石情况	原石呈长方形，基本完整。
组合关系	石椁挡板
画面简述	画面为阴线刻。中间刻一柏树。四周有双层边框，空白处填刻竖线纹。
著录与文献	胡新立：《邹城汉画像石》，北京：文物出版社，2008 年，168 页，图 205。
收藏单位	孟庙

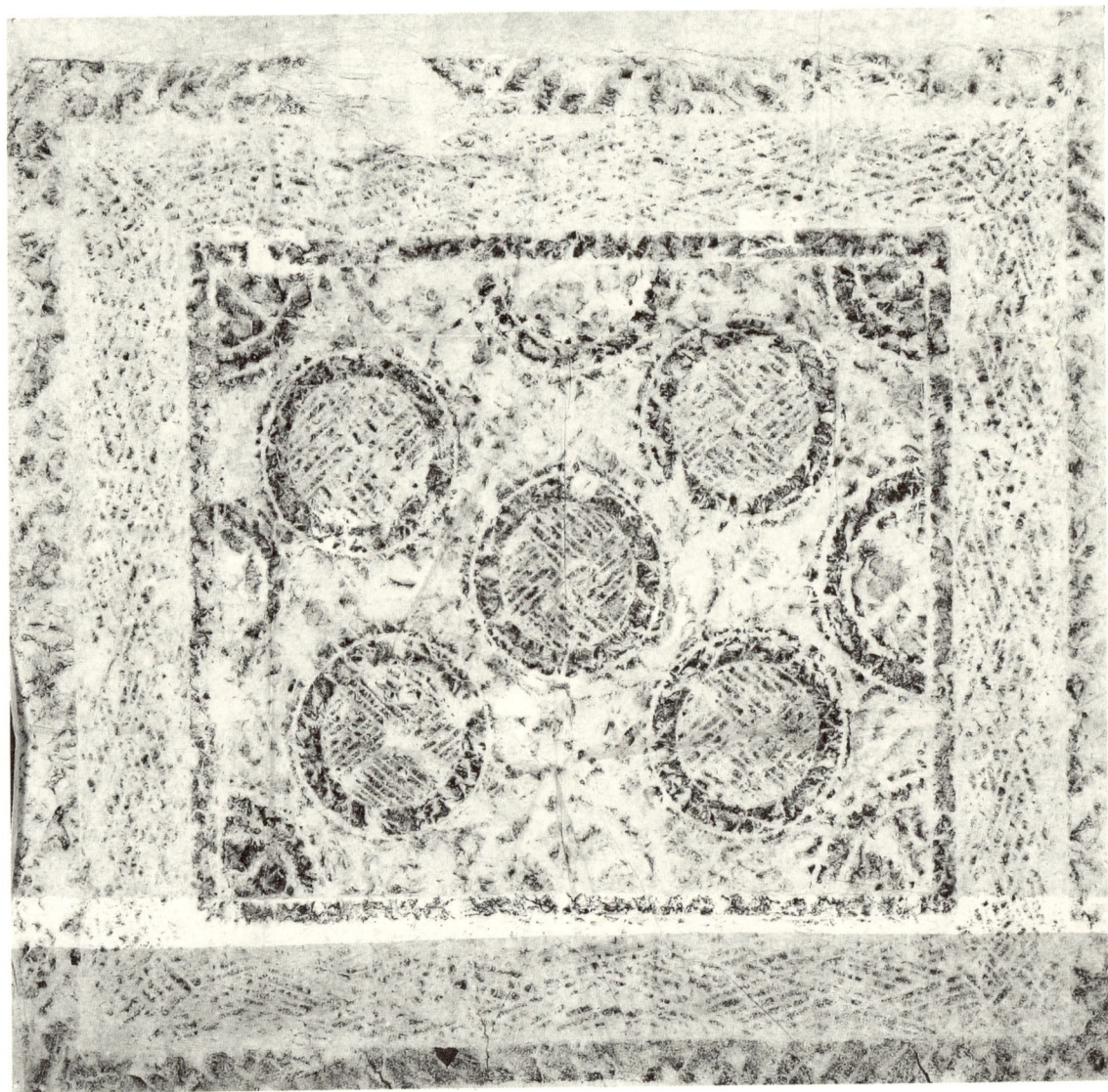

编号	SD-ZC-118-02
时代	西汉
出土/征集地	北宿镇谷堆村
出土/征集时间	1987 年出土
原石尺寸	94×116
质地	石灰岩
原石情况	
组合关系	
画面简述	画面为阴线刻，中间满刻圆环纹，居中的五环内填刻席纹。四周有双边框，框间填刻菱形线纹。
著录与文献	胡新立：《邹城汉画像石》，北京：文物出版社，2008 年，169 页，图 206。
收藏单位	

编号	SD-ZC-118-03
时代	西汉
出土/征集地	北宿镇谷堆村
出土/征集时间	1986 年出土
原石尺寸	68×240×16
质地	石灰岩
原石情况	原石呈长方形，两侧有凹槽。
组合关系	
画面简述	画面为阴线刻，分为三格。左格为一三层重檐仓楼，可见双柱，下有柱础，一、二层间斜置一梯。中格刻二绳索（？），两端各接方角，中间结为双环。右格为双柏树，树冠交叠。三格各有边框，画面整体另有宽边，框间填刻菱形线纹。
著录与文献	胡新立：《邹城汉画像石》，北京：文物出版社，2008 年，168 页，图 204。
收藏单位	孟庙

编号	SD-ZC-119-01(1)
时代	西汉
出土/征集地	北宿镇南落陵村
出土/征集时间	1975 年出土
原石尺寸	84×279×19
质地	石灰岩
原石情况	原石呈长方形。左侧有凹槽，右端有凹阶。
组合关系	
画面简述	画面为阴线刻，分为三格。左格分上下两层，上层为建鼓，上方有羽葆、华盖，下方有兽形鼓跗，左右各二人，一人执鼓桴击鼓，一人舞蹈；下层左为双凤衔连珠，右有二鹤交喙。中格以一桥分为上下两层，桥以两立柱支撑。桥上左侧有一马与一四维辎车，车上一御者，一手执策，另一手挽缰；一尊者回首伸臂，臂前一鸟上飞，另有一鸟平飞其上。右侧有一马与一辎车，车上一御者、一尊者，桥断马惊，马前蹄已踏桥断裂处。桥下左侧一龙，张口从断桥处伸首，断桥处有桥板落下；右侧一人负篓，足上一鱼，臂前伸按筌（一说此画描绘历史故事"豫让二刺赵襄子"）。右格一楼两侧有双层阙（半出画面外）。中间有一三层重檐建筑，屋顶两侧各有一鸟，第三层刻二人正面端坐，居右者持一便面，头顶有帷幔，两边垂下部分缩起，前有栏杆状物遮挡。第二层一人戴武弁，执笏跪拜，右侧有一双耳瓶。一楼檐下两侧各悬一弩，有两立柱承楼，以栱为托，下有柱础。楼下中间两人执笏相拜，居左者戴进贤冠，居右者戴武弁，躬身跨步而立。立柱左右两侧各有一人戴冠执殳（？），躬身，腿前后交错而立。每格有两层边框，整体又有一层边框，框间填刻菱形线纹。左侧有一凹槽，右侧有一凹阶，疑与另一部件相接。
著录与文献	山东省博物馆、山东省文物考古研究所编：《山东汉画像石选集》，济南：齐鲁书社，1982 年，图 100；赖非主编：《中国画像石全集·山东汉画像石》，济南：山东美术出版社，2000 年，70-71 页，图 78；杜蕾：《山东汉画像石乐舞图像研究》，硕士学位论文，中国艺术研究院，2005 年，66 页，编码 120；胡新立：《邹城汉画像石》，北京：文物出版社，2008 年，170-173 页，图 207、208、209、210。
收藏单位	孟庙

106-4

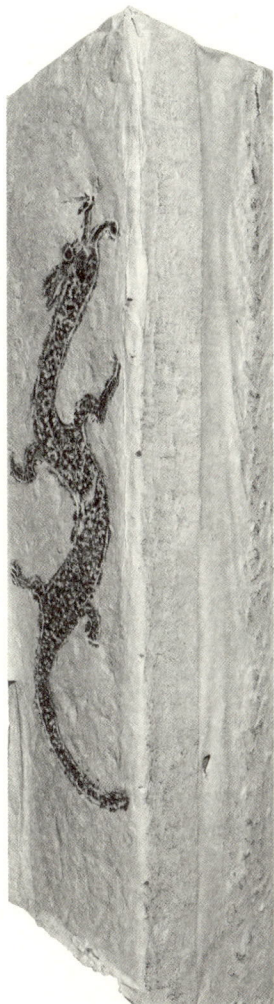

编号	SD-ZC-119-01(2)
时代	西汉
出土/征集地	北宿镇南落陵村
出土/征集时间	1975 年出土
原石尺寸	84×20
质地	石灰岩
原石情况	原石呈长方形，基本完整。
组合关系	
画面简述	画面为阴线刻，刻一龙圆目张口，身体呈 S 形。
著录与文献	
收藏单位	孟庙

编号	SD-ZC-119-01(3)
时代	西汉
出土/征集地	北宿镇南落陵村
出土/征集时间	1975 年出土
原石尺寸	84×19
质地	石灰岩
原石情况	原石呈长方形，基本完整。
组合关系	
画面简述	画面分为三格，每格四周有两层边框，格内填刻竖线纹，整体又有一层边框，框间填刻菱形线纹。
著录与文献	
收藏单位	孟庙

编号	SD-ZC-119-01(4)
时代	西汉
出土/征集地	北宿镇南落陵村
出土/征集时间	1975 年出土
原石尺寸	84×279×19
质地	石灰岩
原石情况	原石呈长方形，基本完整。
组合关系	
画面简述	画面为阴线刻，刻一双层阙，阙上一凤鸟（？），下有一人躬身立，持戟，戴冠。
著录与文献	
收藏单位	孟庙

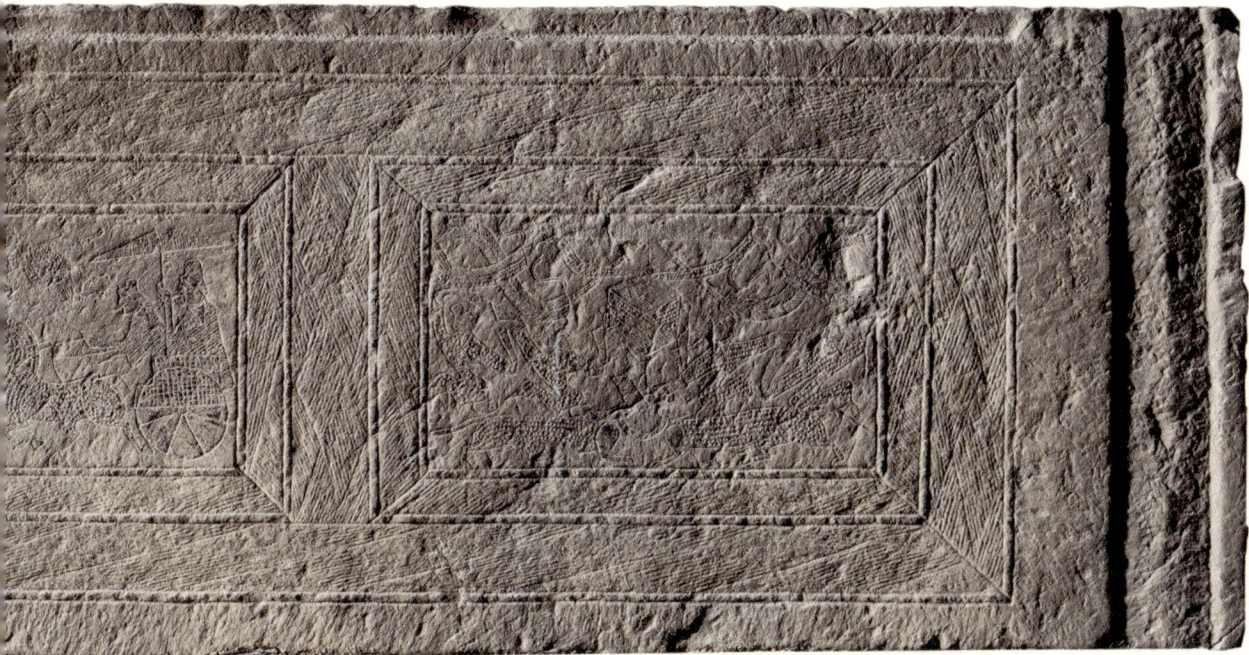

编号	SD-ZC-119-02(1)
时代	西汉
出土/征集地	北宿镇南落陵村
出土/征集时间	1975 年出土
原石尺寸	65×261×17.5
质地	石灰岩
原石情况	原石呈长方形，上、左、右三侧皆有凹槽。
组合关系	
画面简述	画面为阴线刻，分为三格。左格中有一龙为乘，两鱼头相对为盖，上有一御者、一尊者，三鱼拉车行进；左前方有人首鱼身怪，散发；右有一人（巫师？）似戴尖帽坐于一兽上，两肩各生出一飘带（？），上坠一物（？），头顶有一飞鸟。中格左有一四坡顶建筑的右侧（左侧出于画外），可见一柱，柱顶有斗栱承托，下有柱础。一人躬身，似拜另一人，后者戴冠持盾。画面上方一人戴帽着长袍，一手持戟，另一手持一物不明。右侧一马轺车向左前进，车上一御者一手执策、一手挽缰，一尊者戴冠，另有一人跪拜。右格中间为一建鼓，上有羽葆、华盖，二人手执枹击鼓。左右各一人舞蹈，下有两兽形鼓跗，共一首。每格有两层边框，整体画面有一层边框，框间填刻菱形线纹。
著录与文献	赖非主编：《中国画像石全集·山东汉画像石》，济南：山东美术出版社，2000 年，68-69 页，图77；杜蕾：《山东汉画像石乐舞图像研究》，硕士学位论文，中国艺术研究院，2005 年，66 页，编码 119；胡新立：《邹城汉画像石》，北京：文物出版社，2008 年，174-177 页，图 211、212、213、214。
收藏单位	孟庙

编号	SD-ZC-119-02(2)
时代	西汉
出土/征集地	北宿镇南落陵村
出土/征集时间	1975 年出土
原石尺寸	65×261×17.5
质地	石灰岩
原石情况	原石呈长方形，基本完整。
组合关系	
画面简述	画面为浅浮雕，分为三格。左格二龙相戏，皆张口回首相望。中格一牛一虎相斗，一人戴巾帻持一长殳刺虎。右格三鹤（鹳？）争衔一鱼。每格四周有两层边框，整体四周有边框，框间填刻菱形线纹。
著录与文献	赖非主编：《中国画像石全集·山东汉画像石》，济南：山东美术出版社，2000 年，68-69 页，图 76；胡新立：《邹城汉画像石》，北京：文物出版社，2008 年，178-180 页，图 215、216、217、218；李莉：《由汉画像石对邹城牛文化的探讨》，《中国畜禽种业》2011 年第 12 期，54 页，图 4；任昭君：《鲁南汉画像石角抵研究》，《浙江体育科学》2012 年第 6 期，114 页，图 16。
收藏单位	孟庙

编号	SD-ZC-120
时代	东汉
出土/征集地	孟府旧藏
出土/征集时间	
原石尺寸	86×64.5×9.5
质地	石灰岩
原石情况	原石呈长方形，基本完整。
组合关系	
画面简述	图像为浅浮雕，中间刻一铺首衔环。四周有双边框，框间填刻斜条纹。
著录与文献	
收藏单位	孟庙

编号	SD-ZC-121
时代	东汉
出土/征集地	孟府旧藏
出土/征集时间	
原石尺寸	
质地	石灰岩
原石情况	原石呈长方形，画面漫漶。下部有两枢孔。
组合关系	
画面简述	画面为浅浮雕，左右皆残，漫漶不清，分为四格，依次为连弧纹、圆点纹、空白、双排菱形纹。上下两边有框。
著录与文献	
收藏单位	孟庙

编号	SD-ZC-122
时代	东汉
出土/征集地	孟府旧藏
出土/征集时间	
原石尺寸	46×97×23
质地	石灰岩
原石情况	原石呈长方形，画面漫漶，断为两截。
组合关系	
画面简述	画面为浅浮雕，左右皆残，漫漶不清。分为四格，依次为连弧纹、圆点纹、空白、双排菱形纹。上下两边有框。
著录与文献	
收藏单位	孟庙

编号	SD-ZC-123
时代	东汉
出土/征集地	孟府旧藏
出土/征集时间	
原石尺寸	43×77×21
质地	石灰岩
原石情况	原石残缺严重，四边皆有残缺。
组合关系	
画面简述	图像为浅浮雕，残损严重。残石可见分为两格，上格刻二人，居左者持戟（？）站立，居右者残，动作不明。下格刻二人戴冠骑马左行。下沿及左侧可见三层边框，内二框间填刻菱形纹。
著录与文献	
收藏单位	孟庙

编号	SD-ZC-124(1)
时代	东汉
出土/征集地	郭里镇独山村
出土/征集时间	1974 年出土
原石尺寸	34×171×19
质地	石灰岩
原石情况	原石呈长方形，断为三截，基本完整。
组合关系	
画面简述	画面为浅浮雕，左起刻双鱼，其右刻变形云气图案。四周有框。
著录与文献	
收藏单位	孟庙

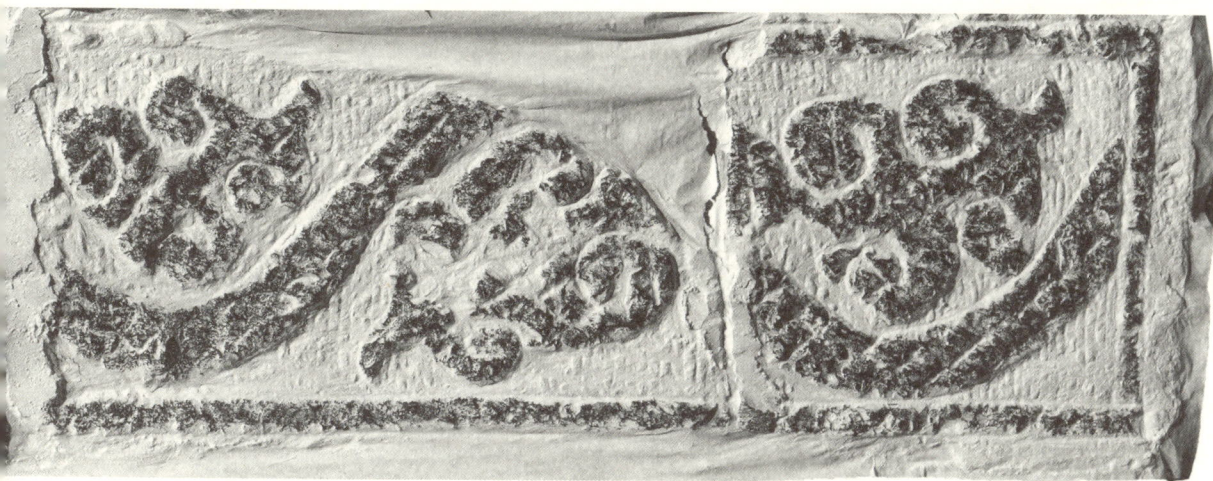

编号	SD-ZC-124(2)
时代	东汉
出土/征集地	郭里镇独山村
出土/征集时间	1974 年出土
原石尺寸	34×171×19
质地	石灰岩
原石情况	原石呈长方形，断为三截，基本完整。
组合关系	
画面简述	画面为浅浮雕，左起刻一鱼，其右刻变形云气图案。四周有框。
著录与文献	
收藏单位	孟庙

编号	SD-ZC-125
时代	东汉（？）
出土/征集地	邹城
出土/征集时间	清代出土
原石尺寸	
质地	石灰岩
原石情况	
组合关系	
画面简述	画面为阴线刻，整体漫漶不清。刻一人，戴平巾帻，荷斧（？）正面立。左侧有"食斋祠园"四字。
著录与文献	毕沅、阮元：《山左金石志》，卷八；翁方纲：《两汉金石记》；周进：《居贞草堂汉晋石影》；傅惜华：《汉代画像全集初编》，北京：巴黎大学北京汉学研究所，1950年，93页，图128；杨伯达：《试论山东画像石的雕刻技法》，《故宫博物院院刊》1987年第4期，6页，图1；徐玉立主编：《汉碑全集》，郑州：河南美术出版社，2006年，82页；谢健、谢长伟：《邹城"食斋词园"画像石略考》，《中国汉画学会第十四届年会论文集》，西安：三秦出版社，2013年，33-37页。
收藏单位	故宫博物院

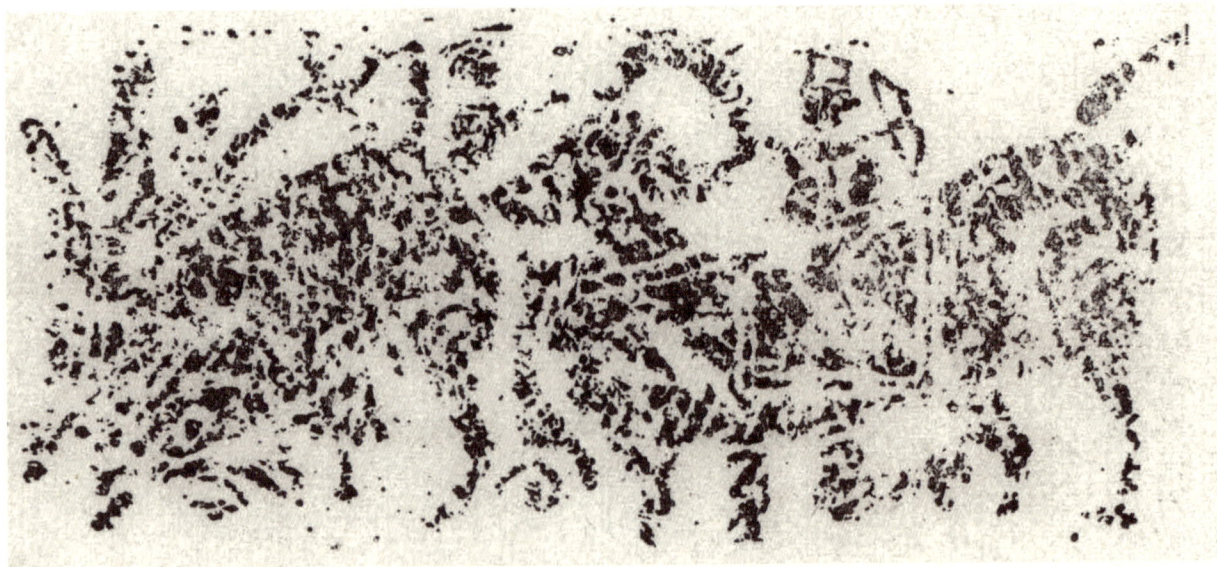

编号	SD-ZC-126
时代	东汉
出土/征集地	
出土/征集时间	
原石尺寸	55×125
质地	石灰岩
原石情况	
组合关系	
画面简述	画面整体漫漶严重。左侧似为一动物，具体形象不可辨。右侧为一羊，一人持弓（弩？）骑羊。
著录与文献	李发林：《记山东大学旧藏的一些汉画像石拓片》，《考古》1985年第11期，994页，图1。
收藏单位	

编号	SD-ZC-127
时代	东汉
出土/征集地	邹城市王屈村
出土/征集时间	1955—1959 年间征集
原石尺寸	50×168
质地	石灰岩
原石情况	
组合关系	
画面简述	画面刻双龙交尾，交缠处下刻一铺首，口部有二鱼。右侧刻一熊，回首向右奔跑。四周有框。
著录与文献	山东省博物馆、山东省文物考古研究所编：《山东汉画像石选集》，济南：齐鲁书社，1982 年，图 78。
收藏单位	

编号	SD-ZC-128
时代	东汉
出土/征集地	邹城市王屈村
出土/征集时间	1955—1959 年间征集
原石尺寸	71×234
质地	石灰岩
原石情况	
组合关系	
画面简述	画面分为六格。图像主体刻二龙交尾，穿越上五格。第二格刻三角形纹。四周有框。
著录与文献	山东省博物馆、山东省文物考古研究所编：《山东汉画像石选集》，济南：齐鲁书社，1982 年，图 79。
收藏单位	

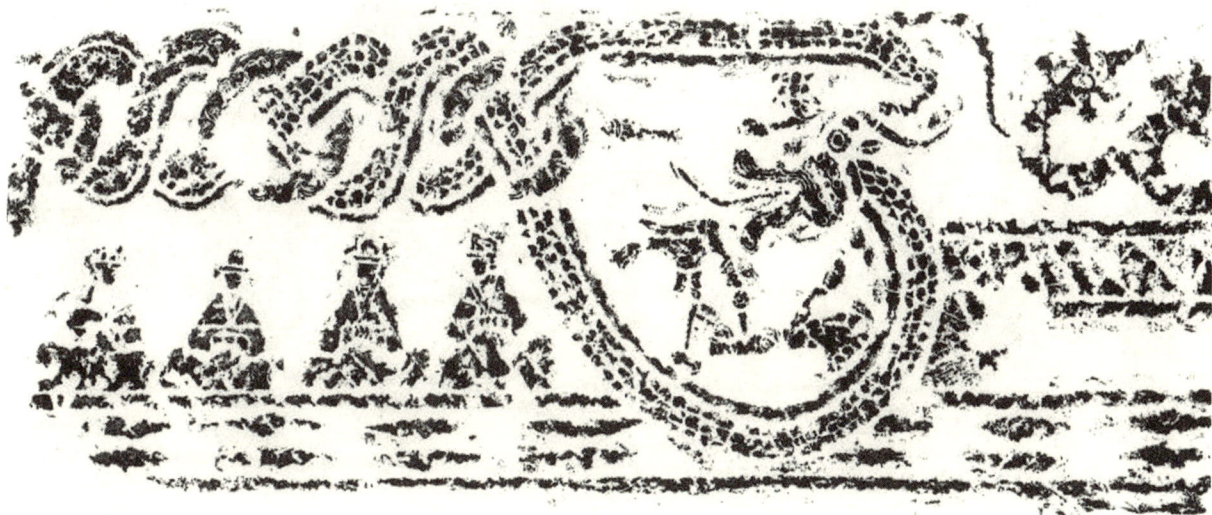

编号	SD-ZC-129
时代	东汉
出土/征集地	邹城市郭里公社下镇头
出土/征集时间	
原石尺寸	50×173
质地	石灰岩
原石情况	
组合关系	
画面简述	画面残缺。剩余部分主体刻二龙缠绕。龙首下刻二鸟啄鱼。缠绕部分下面刻四人跽坐，似为女性。右端分为四格，第一格刻云气纹，第二格刻三角形纹，第三格空白，第四格刻双排菱形纹。
著录与文献	山东省博物馆、山东省文物考古研究所编：《山东汉画像石选集》，济南：齐鲁书社，1982年，图93。
收藏单位	

编号	SD-ZC-130(1)
时代	东汉
出土/征集地	邹城市唐村镇前葛村
出土/征集时间	2009 年出土
原石尺寸	43×39.5×25
质地	石灰岩
原石情况	原石呈长方形，前、后、左、右四面皆雕刻人像，顶部刻有动物图像。基本完整。
组合关系	
画面简述	此为正面。画面为高浮雕，刻人物与动物的组合图案。人物突出头部比例，似戴尖帽，眼眉突出，双手合于胸前，下部似刻双腿，两腿间有凸起的三角形物（生殖器？）。人物肩头各有一蹲居的动物（猴子？），伸出前爪扶于人像耳部上方。左、右上角各有从顶部延伸出来的动物头部。
著录与文献	郑建芳：《对山东邹城"四面人脸"画像石刻的探讨》，载《中国汉画学会第十二届年会论文集》，香港：中国国际文化出版社，2010 年，273-274 页；朱浒：《汉画像胡人图像研究》，博士学位论文，上海大学，2012 年，65 页，图 2-49。
收藏单位	孟府习儒馆

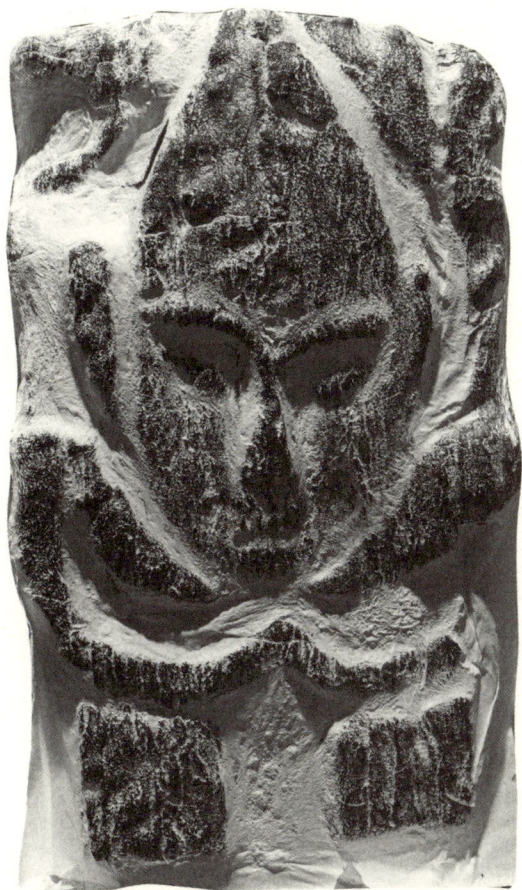

编号	SD-ZC-130(2)
时代	东汉
出土/征集地	邹城市唐村镇前葛村
出土/征集时间	2009 年出土
原石尺寸	43×27×39
质地	石灰岩
原石情况	原石呈长方形，前、后、左、右四面皆雕刻人像，顶部刻有动物图像。基本完整。
组合关系	
画面简述	此为左面。画面为高浮雕，与前一图像基本一致。头部两侧有残损。
著录与文献	郑建芳：《对山东邹城"四面人脸"画像石刻的探讨》，载《中国汉画学会第十二届年会论文集》，香港：中国国际文化出版社，2010 年，273-274 页；朱浒：《汉画像胡人图像研究》，博士学位论文，上海大学，2012 年，65 页，图 2-49。
收藏单位	孟府习儒馆

编号	SD-ZC-130(3)
时代	东汉
出土/征集地	邹城市唐村镇前葛村
出土/征集时间	2009 年出土
原石尺寸	43×39×25
质地	石灰岩
原石情况	原石呈长方形，前、后、左、右四面皆雕刻人像，顶部刻有动物图像。基本完整。
组合关系	
画面简述	此为后面。画面为高浮雕，与前一图像基本一致。
著录与文献	郑建芳：《对山东邹城"四面人脸"画像石刻的探讨》，载《中国汉画学会第十二届年会论文集》，香港：中国国际文化出版社，2010 年，273-274 页；朱浒《汉画像胡人图像研究》，博士学位论文，上海大学，2012 年，65 页，图 2-49。
收藏单位	孟府习儒馆

编号	SD-ZC-130(4)
时代	东汉
出土/征集地	邹城市唐村镇前葛村
出土/征集时间	2009 年出土
原石尺寸	43×25×39.5
质地	石灰岩
原石情况	原石呈长方形，前、后、左、右四面皆雕刻人像，顶部刻有动物图像。基本完整。
组合关系	
画面简述	此为右面。画面为高浮雕，与前一图像基本一致。
著录与文献	郑建芳：《对山东邹城"四面人脸"画像石刻的探讨》，载《中国汉画学会第十二届年会论文集》，香港：中国国际文化出版社，2010 年，273-274 页；朱浒《汉画像胡人图像研究》，博士学位论文，上海大学，2012 年，65 页，图 2-49。
收藏单位	孟府习儒馆

编号	SD-ZC-130(5)
时代	东汉
出土/征集地	邹城市唐村镇前葛村
出土/征集时间	2009 年出土
原石尺寸	38.5×28×43
质地	石灰岩
原石情况	原石呈长方形，前、后、左、右四面皆雕刻人像，顶部刻有动物图像。基本完整。
组合关系	柱顶
画面简述	此为上面。画面为高浮雕。图像漫漶不清，为动物后半身和侧面动物头像的延展部分。
著录与文献	郑建芳：《对山东邹城"四面人脸"画像石刻的探讨》，载《中国汉画学会第十二届年会论文集》，香港：中国国际文化出版社，2010 年，273-274 页；朱浒：《汉画像胡人图像研究》，博士学位论文，上海大学，2012 年，65 页，图 2-49。
收藏单位	孟府习儒馆

编号	SD-ZC-131(1)
时代	东汉
出土/征集地	
出土/征集时间	
原石尺寸	41×49×23
质地	石灰岩
原石情况	原石呈长方形，整体漫漶。
组合关系	
画面简述	刻石为四方柱，画面为高浮雕。前后左右及顶部均有雕刻。此面画像为方柱正面，有一胡人（头戴尖顶帽），两手拱于胸前，手肘以下有长方形浮雕（似为腿部），左下角缺失。胡人两肩头各有一兽，一前肢撑于人耳上方。兽头部高突于柱顶（缺失）。
著录与文献	
收藏单位	孟庙

编号　　　　　SD-ZC-131(2)

时代　　　　　东汉

出土/征集地

出土/征集时间

原石尺寸　　　41×49×23

质地　　　　　石灰岩

原石情况　　　原石呈长方形，整体漫漶。

组合关系

画面简述　　　画面为高浮雕。此是方柱侧面，图像与正面同，下缺失，唯肩头无动物。

著录与文献

收藏单位　　　孟庙

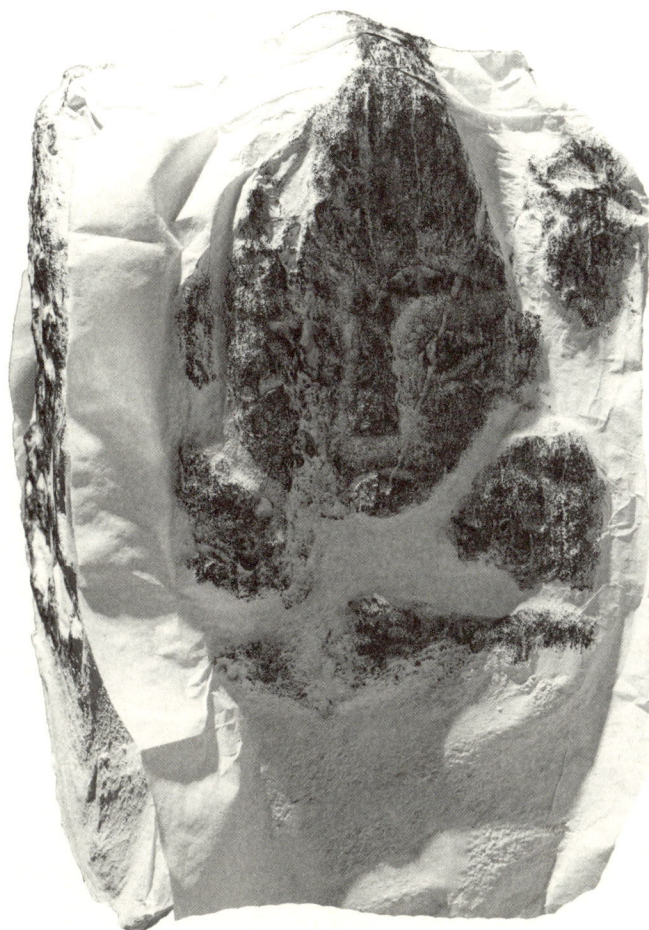

编号	SD-ZC-131(3)
时代	东汉
出土/征集地	
出土/征集时间	
原石尺寸	41×49×23
质地	石灰岩
原石情况	原石呈长方形,整体漫漶。
组合关系	
画面简述	画面为高浮雕,亦是胡人拱手像,尖顶帽,五官依稀可见。
著录与文献	
收藏单位	孟庙

编号	SD-ZC-131(4)
时代	东汉
出土/征集地	
出土/征集时间	41×49×23
原石尺寸	
质地	石灰岩
原石情况	原石呈长方形，整体漫漶。
组合关系	
画面简述	画面为高浮雕，亦是胡人拱手像，尖顶帽，五官依稀可见。
著录与文献	
收藏单位	孟庙

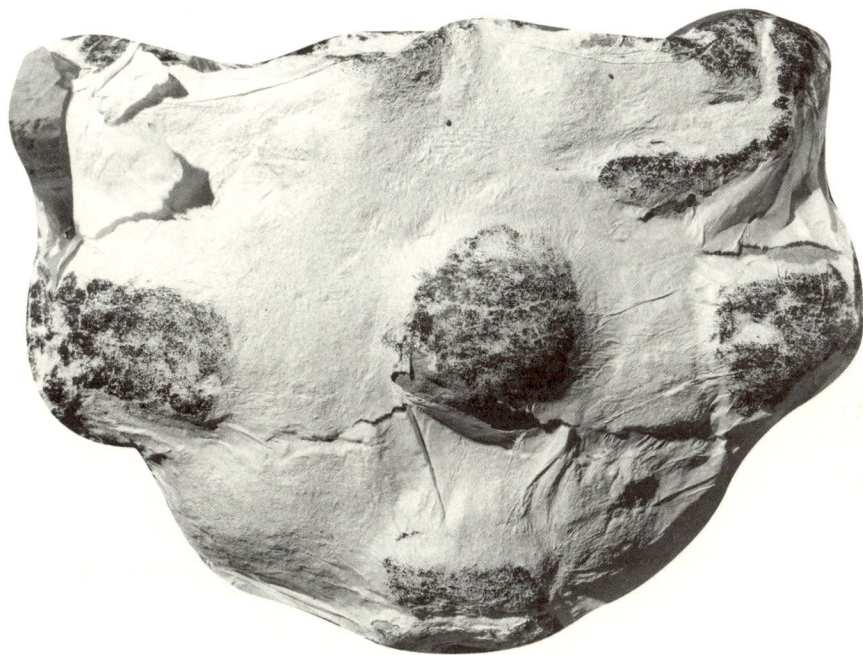

编号	SD-ZC-131(5)
时代	东汉
出土/征集地	
出土/征集时间	
原石尺寸	41×49×23
质地	石灰岩
原石情况	原石呈长方形,整体漫漶。
组合关系	
画面简述	画面为高浮雕,为方柱顶部,似刻有动物,但已漫漶不清。正中有一覆碗状突起,似四周胡人尖顶帽部分。
著录与文献	
收藏单位	孟庙

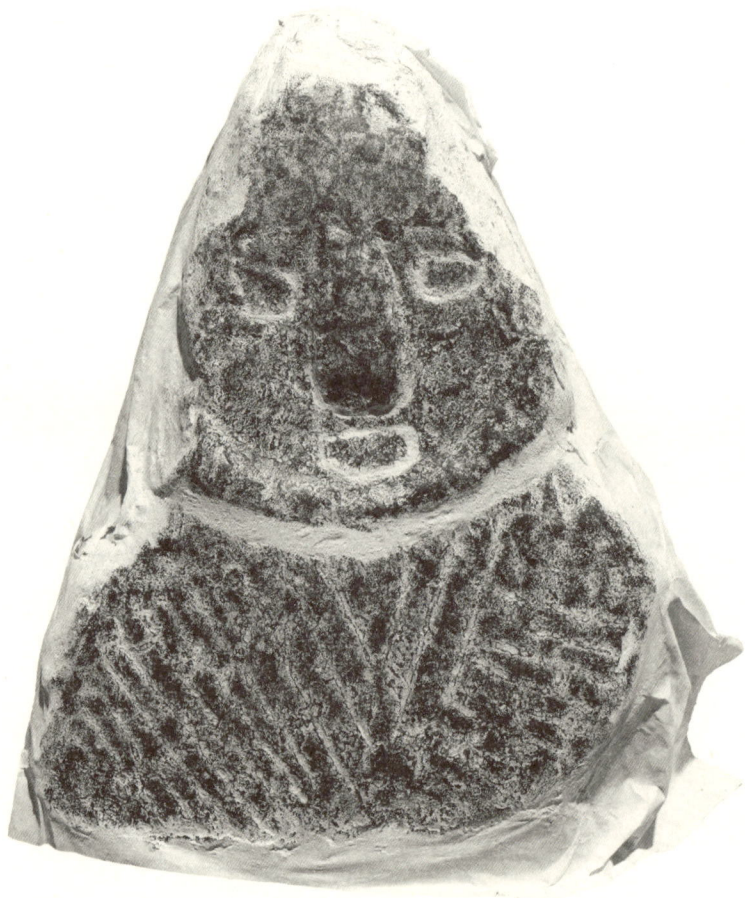

编号	SD-ZC-132
时代	东汉
出土/征集地	
出土/征集时间	
原石尺寸	39×46×28
质地	石灰岩
原石情况	原石呈三角形，整体漫漶。
组合关系	
画面简述	原石为圆雕，刻一人物，似头戴尖帽。
著录与文献	朱浒：《汉画像胡人图像研究》，博士学位论文，上海大学，2012年，66页，图2-51。
收藏单位	孟庙

编号	SD-ZC-133
时代	东汉
出土/征集地	邹县西关
出土/征集时间	1965 年
原石尺寸	1.6×51×26
质地	石灰岩
原石情况	
组合关系	
画面简述	石人
著录与文献	李零：《入山与出塞》，北京：文物出版社，2004 年，彩版 3。
收藏单位	邹城博物馆

编号	SD-ZC-134
时代	东汉
出土/征集地	石墙镇
出土/征集时间	
原石尺寸	0.65×0.35×0.51
质地	石灰岩
原石情况	
组合关系	
画面简述	石羊为立体雕刻，大致雕出头部形状及羊角，其余为粗犷的錾道及刻痕。
著录与文献	
收藏单位	邹城博物馆